前　言

21 世纪，各个国家都意识到人才的重要性，纷纷采取各种措施招揽人才，重视人才培养，以期在未来的发展中占得先机。对于企业来说，人才同样重要。在企业的所有资源中，人力资源是最独特、最重要的资源。企业的生存靠人力资源，企业的发展靠人力资源，企业的创新更要靠人力资源。可以说，人力资源决定了现代企业的生死存亡。

人力资源管理是对人力资源进行配置、促进人力资源素质提升的重要手段。对于现代企业来说，做好人力资源管理至关重要。只有做好人力资源管理，才能为企业提供较多的高素质人力资源，也才能保证现代企业的永续发展。而做好这一工作，前提就是对现代企业人力资源管理的相关理论有清晰的认识和把握。当今社会瞬息万变，知识更新速度加快，人力资源管理也在不断创新发展，并会将这种创新继续进行下去。这是时代的要求，也是企业发展的必经之路。

本书是关于现代人力资源管理创新的著作，紧密结合当前人力资源管理的环境，首先，对现代人力资源管理的基础理论和战略规划进行了分析；其次，针对现代人力资源管理中涉及的员工招聘、员工培训、绩效管理、薪酬管理等内容做了详细论述，突出了现代人力资源管理的实践方法；最后，对大数据背景下人力资源管理的发展、信息化人力资源的建设进行了探讨，为未来人力资源的发展指出了方向。

在写作本书的过程中，作者参考借鉴了诸多相关文献资料，在此向其作者表示衷心的感谢。同时，作者对在本书成书中给予帮助和支持的亲朋好友也表示感谢。由于作者精力与水平所限，书中难免出现不妥之处，恳请广大读者予以批评指正，不胜感激。

作　者

2023 年 11 月

适合企业管理人员、人力资源管理人员阅读 ■

HUMAN
RESOURCES

现代人力资源
管理与发展的多维视角

蒋琳琳 翟娜 许娟 ◎ 著

XIANDAI RENLI ZIYUAN
GUANLI YU FAZHAN DE DUOWEI SHIJIAO

人力资源规划、工作分析、员工招聘、员工培训
绩效管理、薪酬管理

中国出版集团
中译出版社

图书在版编目（CIP）数据

现代人力资源管理与发展的多维视角 / 蒋琳琳，翟娜，许娟著． —— 北京 ：中译出版社，2024.4
ISBN 978-7-5001-7853-8

Ⅰ．①现… Ⅱ．①蒋… ②翟… ③许… Ⅲ．①人力资源管理—研究 Ⅳ．①F243

中国国家版本馆CIP数据核字(2024)第078474号

现代人力资源管理与发展的多维视角
XIANDAI RENLI ZIYUAN GUANLI YU FAZHAN DE DUOWEI SHIJIAO

著　　者：蒋琳琳　翟　娜　许　娟
策划编辑：于　宇
责任编辑：于　宇
文字编辑：田玉肖
营销编辑：马　萱　钟筱童
出版发行：中译出版社
地　　址：北京市西城区新街口外大街28号102号楼4层
电　　话：（010）68002494（编辑部）
由　　编：100088
电子邮箱：book@ctph.com.cn
网　　址：http://www.ctph.com.cn

印　　刷：北京四海锦诚印刷技术有限公司
经　　销：新华书店
规　　格：710 mm×1000 mm　1/16
印　　张：14.25
字　　数：282千字
版　　次：2024年4月第1版
印　　次：2024年4月第1次印刷

ISBN 978-7-5001-7853-8　　　定价：68.00元

目　录

第一章　现代人力资源管理理论

第一节　人力资源管理概述

一、人力资源的含义与特征

（一）人力资源概念

人力资源是资源的一种，是以人为载体的资源，是存在于人体中以体能、知识、技能、能力、个性行为特征倾向等为具体表现的经济资源。目前，对于人力资源概念的理解中有两种倾向，一种是倾向于能力或素质，认为人力资源是存在于人体中的生产能力或身心素质；另一种理解倾向于人口，认为无论对于国家、社会或企业，人力资源是推动其发展的具有体力和智力劳动能力的人口的总称。这两种理解有其共同的一面，即都强调了人力资源与人体的不可分割，还有人力资源的价值在于能力或素质，我们更倾向于第一种理解。

人力资源有质和量两个方面的内容。人力资源的数量可从微观和宏观两个角度来定义。微观的数量由企业现在员工（包括雇用的适龄员工和年老员工，但不包括即将离开的员工）以及潜在员工（欲从企业外部招聘的员工）两部分组成。宏观的数量是指一个国家或地区现实的人力资源数量和潜在的人力资源数量，前者包括适龄就业人口、未成年就业人口、老年就业人口，后者包括失业人口、暂时不能参加社会劳动的人口和其他人口。

人力资源的质量是指人力资源所具有的体力、智力、知识和技能水平，以及劳动者的劳动态度。它受先天遗传、营养水平、环境教育和训练等因素的影响，通常可以用健康卫生指标、教育和训练状况、劳动者的技能等级指标和劳动态度指标来衡量。人力资源的质量是由劳动者的素质决定的，劳动者的素质包括体能素质和智能素质。

（二）相关概念

与人力资源相关的概念有人才资源、人力资本等，这些词汇经常出现在人力资源管理实践与理论研究中，正确理解并区分这些概念有助于规范人力资源的管理。

1. 人才资源

"人才"这一概念并不是一个在理论上十分规范的范畴，目前有很多不同的解释。通俗地说，有一技之长的人都可以叫作人才，其核心含义是：比他人或前人具有更优秀的整体素质和更高的创造能力，能够更好地利用各种可能利用的资源进行创造性劳动，为企业、社会、人类创造更多的财富和更高价值的人。人才具有以下七个方面的特征：

（1）在企业中属于少数，一般可用"二八定律"划定；（2）具有高度创造能力和工作能力；（3）善于运用能力、高标准地完成组织分配的工作任务；（4）为组织和人力资源管理者所期望、寻求的人；（5）可以激励他人工作热情、创造力，可以为公司带来大量稳定、长期业务；（6）有突出贡献（为企业创造更多的财富与价值）、组织和管理者不愿意失去的人；（7）对组织目标实现负有最重要责任的人。

从人才资源的概念与特征看，人才资源是人力资源的一部分，是最重要、最核心的一部分，两者是包含与被包含的关系。

2. 人力资本

人力资本这一提法更多出现在经济学的研究领域，而人力资源则更多出现在管理学之中。人力资本是指存在于人体之中、后天获得的具有经济价值的知识、技术、能力和健康等质量因素。可以从三个方面来理解这一概念：首先，人力资本是附着在人本身这种载体上的各种综合因素的集合，而不是载体本身，它是靠后天的投入获得的，并可以带来经济价值；其次，人力资本与物质资本具有共性，表现为人力资本的形成和维持需要花费成本，投入生产领域可以带来财富的增长，并且也具有稀缺性；最后，人力资本又具有自己的特点，如人力资本与其载体的不可分离性，人力资本在使用过程中的增值性，人力资本的异质性等。

人力资本和人力资源在价值创造过程中所起的作用是相同的，但也存在三个方面的区别：

一是与社会价值的关系不同，人力资本和社会价值是因果关系，而人力资源和社会价值是由果溯因的关系。

二是两者研究问题的角度和关注的重点不同，人力资本关注的重点是收益问题，人力资源关注的是产出问题。

三是两者的计量形式不同，人力资源是一个存量概念，人力资本是一个兼有存量和流量的概念。

（三）人力资源的特征

人力资源作为经济资源的一种，具有与一般经济资源共同的特征，主要为：第一，物质性。一定的人力资源必然表现为一定数量的人口。第二，可用性。通过人力资源的使用可带来价值的增值。第三，有限性。人力资源在一定的条件下形成，其载体具有生物的有限性。但人力资源作为一种特殊的经济资源，有着不同于其他经济资源的特征。

1. 附着性

从人力资源概念知道，人力资源是凝结于人体之中的质量因素的总和，必须依附于一定数量的人口之上，虽然人力资源不等同于人口本身，但却不可脱离人这一载体。这就决定了人力资源所有权的天然私有的特性，使得人力资源管理成为一门独特的管理学科，人力资源的开发与使用必须通过对人的激励与控制才能实现。

2. 能动性

人力资源的能动性是指人在生产过程中居于主导地位，在生产关系中人是最活跃的因素，具有主观能动性，同时具有不断开发的潜力。人力资源的能动性包括以下几个方面：

（1）人具有意识，知道活动的目的，因此人可以有效地对自身活动做出选择，调整自身与外界环境的关系；（2）人在生产活动中处于主体地位，是支配其他资源的主导因素；（3）人力资源具有自我开发性，在生产过程中，人一方面是对自身的损耗，而更重要的一方面是通过合理的行为，从而得到补偿、更新和发展，非人力资源不具有这种特性；（4）人力资源在活动过程中是可以被激励的，即通过提高人的工作能力和激发其工作动机，从而提高工作效率；（5）选择职业，人作为人力资源的载体可以自主择业，选择职业是人力资源主动与物质资源结合的过程。

3. 双重性

人力资源既具有生产性，又有消费性。人力资源的生产性是指，人力资源是物质财富的创造者，而且人力资源的利用需要一定条件，必须与自然资源相结合，有相应的活动条件和足够的空间、时间，才能加以利用。人力资源的消费性是指，人力资源的保持与维持需要消耗一定的物质财富。生产性和消费性是相辅相成的，生产性能够创造物质财富，为人类或组织的生存和发展提供条件；消费性则能够保障人力资源的维持和发展。同时，消费性也是人力资源本身的生产和再生产的条件。消费性能够维持人的生计，满足需要，提供教育与培训。相比而言，生产性必须大于消费性，这样组织和社会才能获益。

4. 时效性

人力资源的时效性来自内外两个方面。内因是指人力资源的载体——人的生命所具有的周期性，只有当人处于成年时期并投入社会生产活动中，才能对其开发利用，发挥人力资源的作用，当人未成年或老年时，或由于其他原因退出劳动领域时，就不能称其为人力资源了。外因是指人力资源所表现出的知识、技能等要素相对于环境和时间来讲是有时效性的，如果不及时更新就难以满足外部条件变化的要求。另外，人力资源如果长期不用，就会荒废和退化。人的知识技能如果得不到使用和发挥，就可能会过时，或者导致人的积极性消退，产生心理压力。

5. 社会性

人力资源不同于其他经济资源的一个显著特征就是社会性，具体表现在未来收益目标的多样性和外部效应的社会性方面。对于其他资源来讲，具有纯粹的自然属性，并不需要精神激励的手段，而人是社会的人，人力资源效能的发挥受其载体的个人偏好影响，除了追求经济利益之外，还要追求包括社会地位、声誉、精神享受以及自我价值实现等多重目标。在追求这些目标的过程中，其效能的发挥不仅会带来生产力的提高和社会经济的发展，而且会产生许多社会性的外部效应，如人的素质的提高会增进社会文明程度、保护并改善自然环境等。

二、人力资源管理的含义与特征

人力资源管理有宏观层面的管理和微观层面的管理之分，宏观层面的人力资源管理是从社会经济的范围来定义的，微观层面的人力资源管理是从具体经济组织的角度来定义的，本书中的人力资源管理是指后者。

（一）人力资源管理的含义

管理是在特定的环境下，对组织所拥有的各种资源进行计划、组织、领导和控制，保证以有效的方式实现组织既定目标的过程。人力资源管理是组织各项管理中的一种，因此也服从于这个概念，简单地说，人力资源管理就是组织在特定的环境中对组织的人力资源进行计划、组织、领导和控制，以有效的方式保证从人力资源的角度帮助实现组织既定目标的过程。更具体地来表达，人力资源管理是现代人事管理，是对人力资源的取得、开发、保持和利用等方面所进行的计划、组织、指挥和控制的活动。它是研究组织中人与人关系的调整、人与事的配合，以充分开发人力资源，挖掘人的潜力，调动人的积极性，提高工作效率，实现组织目标的理论、方法、工具和技术。

（二）人力资源管理的特征

1. 现代人力资源管理与传统人事管理

（1）人力资源管理与传统人事管理联系

人力资源管理是从传统的人事管理中演变进化而来的，因而两者有着一定的联系，主要表现在以下三个方面：

①人力资源管理继承了传统人事管理中的部分内容，构成现代人力资源管理的战术性部分，例如人员的甄选与调配、人事信息的记录、薪酬管理等；②在组织中，人力资源管理部门与传统人事管理部门都是负责与人事信息相关的管理工

作的职能部门；③传统人事管理中基于生产企业的生产现场管理是现代人力资源管理理论产生的基础，在我国现阶段，不应完全照搬跨国企业的先进人力资源管理模式，而应结合国情注意运用传统人事管理中较为基础的成果。

（2）现代人力资源管理与传统人事管理的区别

①现代人力资源管理与传统人事管理产生的时代背景不同

传统人事管理是随着社会工业化的出现与发展应运而生的。20世纪初，人事管理部门开始出现，并经历了由简单到复杂的发展过程。在社会工业化发展的初期，有关对人的管理实质上与对物质资源的管理并无差别。在相当长的时期，虽然社会经济不断发展、科学技术不断进步，但人事管理的基本功能和作用并没有太大的变化，只是在分工上比原来更为精细，组织、实施更为严密而已。而人力资源管理是在社会工业化迅猛发展，科学技术高度发展，人文精神日益高涨，竞争与合作加强，特别是社会经济有了质的飞跃的历史条件下产生和发展起来的。一般认为，人力资源管理是在20世纪70年代以后出现的。由传统人事管理转变为现代人力资源管理，这一变化在对人与物质资源认识方面的表现是：人不再是物质资源的附属物，或者说，人被认为是不同于物质的一种特殊资源，在人力资本理论中有些学者主张人力资本所有者要凭借其产权获得企业的剩余利润的分享，也正是基于人力资源的特殊性而言的，这是因为人力资源具有主观能动性。总之，社会、经济、科学技术发展的不同状况决定了传统人事管理和现代人力资源管理的重要区别。

②现代人力资源管理与传统人事管理对人的认识不同

人事管理将人的劳动看作是一种在组织生产过程中的消耗或成本。也就是说，生产的成本包括物质的成本，还包括人的成本。这种认识看似很合理，但是这种认识是把人简单等同于物质资源的，即在观念上人与物质资源没有区别。因此，传统人事管理主要关注如何降低人力成本，正确地选拔人，提高人员的使用效率和生产率，避免人力成本的增加。现代人力资源管理把人看作"人力资本"，这种资本通过有效的管理和开发可以创造更高的价值，能够为组织带来长期的利益，即人力资本是能够增值的资本。这种认识与传统人事管理对人的认识的根本区别在于：传统人事管理将人视为被动地适应生产的一种因素；现代人力资源管理则将人视为主动地改造物质世界，推动生产发展，创造物质、精神财富和价值的活性资本，它是可以增值的。

③现代人力资源管理与传统人事管理的基本职能有所不同

传统人事管理的职能基本上是具体的事务性工作，如招聘、选拔、考核、人员流动、薪酬、福利待遇、人事档案等方面的管理，人事规章制度的贯彻执行等。总的说来，传统人事管理职能是具体的、技术性的事务管理职能。现代人力资源管理的职能则有相当的不同，它是一项比较复杂的社会系统工程。现代人力资源管理既有战略性的管理职能，如规划、控制、预测、长期开发、绩效管理、培训策略等；又有技术性的管理职能，如选拔、考核评价、薪酬管理、人员流动管理等。总的来说，现代人力资源管理的职能具有较强的系统性、战略性和时间的远程性，其管理的视野比传统人事管理要广阔得多。

④现代人力资源管理与传统人事管理在组织中的地位有本质的区别

传统人事管理由于其内容的事务性和战术性所限，在组织中很难涉及全局性的、战略性的问题，因而经常会被当作不需要特定的专业技术特长、纯粹的服务性的工作。七喜公司前总裁就曾说过，人事经理常被人看作笑容可掬的、脾气和善的人，其工作是为大家组织一些活动和谋一些福利。而现代人力资源管理更具有战略性、系统性和未来性，它从行政的事务性的员工控制工作转变为以组织战略为导向，围绕人力资源展开的一系列包括规划、开发、激励和考评等流程化的管理过程，目的是提高组织的竞争力。现代人力资源管理从单纯的业务管理、技术性管理活动的框架中脱离出来，根据组织的战略目标而相应制订人力资源的规划与战略，成为组织战略与策略管理中具有决定意义的内容。这种转变的主要特征是：人力资源部门的主管出现在组织的高层领导中，并有人出任组织的最高领导。

2. 现代人力资源管理的特征

正是由于现代人力资源管理不同于传统的人事管理，才使得现代人力资源管理在组织中发挥着越来越大的作用，其特征可以归结如下：

（1）人本特征

人力资源管理采取人本取向，始终贯彻员工是组织的宝贵财富的主题，强调对人的关心、爱护，把人真正作为资源加以保护、利用和开发。

（2）专业性与实践性

人力资源管理是组织最重要的管理职能之一，具有较高的专业性，从小公司的多面手到大公司的人力资源专家及高层人力资源领导，都有着很细的专业分工和深入的专业知识。人力资源管理是组织管理的基本实践活动，是旨在实现组织目标的主要活动，具有高度的应用性。

（3）双赢性与互惠性

人力资源管理采取互惠取向，强调管理应该是获取组织的绩效和员工的满意感与成长的双重结果；强调组织和员工之间的"共同利益"，并重视发掘员工更大的主动性和责任感。

（4）战略性与全面性

人力资源管理聚焦于组织管理中为组织创造财富、创造竞争优势的人员的管理上，即以员工为基础，以知识员工为中心和导向，是在组织最高层进行的一种决策性、战略性管理。人力资源管理是对于全部人员的全面活动和招聘、任用、培训、发展全过程的管理。只要有人参与的活动与地方，就要进行人力资源管理。

（5）理论基础的学科交叉性

人力资源管理采取科学取向，重视跨学科的理论基础和指导，包括管理学、心理学、经济学、法学、社会学等多个学科，因此现代人力资源管理对其专业人员的专业素质提出了更高的要求。

（6）系统性和整体性

人力资源管理采取系统取向，强调整体地对待人和组织，兼顾组织的技术系统和社会心理系统；强调运作的整体性，一方面是人力资源管理各项职能之间具有一致性，另一方面是与组织中其他战略相配合，依靠和支持整个组织的战略和管理。

3. 成功的人力资源管理的特征

除了以上一般意义的特征外，有学者研究指出，成功的人力资源管理有以下三个重要特征：

（1）企业领导人及时制定一套核心价值观和具有领导能力、重新定义公司的管理哲学（公司、顾客、员工三者关系）；依据业务发展需要，重新整合人力资源组织结构；坚持贯彻始终的主题——承认员工是公司的宝贵财富；明确人力资源管理方针——明确共同目标、相互影响、相互尊重、相互奖励、相互负责；管理层与员工在企业利益上存在共同利益。（2）企业领导层强调战略问题——人力资源战略与商业战略的相互作用，使人力资源管理为实现公司目标做出更大贡献，并重点关注：组织对风险共担者的需求是否敏感；开发人力资源迎接未来挑战；确保员工集中精力于增加组织投入的附加价值；在主要的人力资源及其发展方面进行投资，一般每年投资增长为 2%~10%。（3）人力资源管理的最明显特征是：最高层为变化与发展制定日程；强调组织具有灵活性和及时应变能力的重要性；抓住对企业生产率产生巨大影响的人力资源的七个"生产杠杆"，即招聘、报酬、业绩管理、培训、组织发展、全球人力资本、多样化。

三、人力资源管理的重要性

随着"知识经济"时代的到来，人力资源管理因其与人的因素内在的密切联系而使得其重要性日益突出。应该看到，企业管理已经从强调对物的管理转向强调对人的管理，这是竞争加剧的结果。一方面，这是管理领域的扩大；另一方面，这也是管理环节的提前，因为物是劳动的产物。人力资源管理的重要性可以体现在以下几个方面：

（一）人力资源管理是组织管理的核心

人力资源管理能够帮助组织中的管理人员达到以下目的：用人得当，即事得其人；降低员工的流动率；使员工努力工作；有效率的面试以节省时间；使员工认为自己的薪酬公平合理；对员工进行充足的训练，以提高各个部门的效能；保障工作环境的安全，遵守国家的法律；使组织内部的员工都得到平等的待遇，避免员工的抱怨；等等。这些都是组织中各个部门所有经理人员普遍的愿望。其实，无论是正在学习财务管理、市场营销管理或者生产管理者，还是学习人力资源管理者，将来有很多人会在自己的专业领域承担管理责任，届时他们需要制定关于员工招聘、薪酬政策、绩效考核、员工晋升和人员调配等人力资源管理方面的决策。这一点也适用于那些非经济管理类的人，即使是那些将来不承担管理责任的员工，纯粹作为组织中人力资源管理活动的调整对象，也需要学习人力资源管理方面的知识，因为只有这样，他们才有能力对组织的人力资源管理政策做出自己的评价，并在此基础上提出有利于自己事业发展和待遇提高的要求。

（二）组织的经理人员要通过别人来实现自己的工作目标

这就使人力资源管理同其他类别的管理相比显得特别重要。我们经常发现许多企业在规划、组织和控制等方面做得都很好，但就是因为用人失当或者无法激励员工，最终没有获得理想的成绩；相反，虽然有些企业的经理人员在规划、组织和控制等方面做得一般，但就是因为他们用人得当，并且经常激励、评估和培养这些人才，最终使企业获得成功。

（三）人力资源管理能够提高员工的工作绩效

应用人力资源管理的观念与技术，改善员工的行为，是提高员工绩效的重要途径。劳动力的宏观配置目标是劳动力数量上的充分利用，微观配置的目标是事得其人，而人力资源管理的目标是人尽其才。所以可以认为，人力资源管理是劳动力资源配置合理化和优化的第三个层次。

（四）人力资源管理是激励员工的根本手段

现在，员工的素质越来越高，大大超过了实际的需要。随着财富的增加和生活水平的提高，越来越多的人要求把职业质量和生活质量进一步统一起来，员工需要的不仅是工作本身以及工作带来的收入，还有各种心理满足，而且随着经济的发展，这种非货币的需要会越来越强烈。因此，企业的经理人员必须借助于人力资源管理的观念和技术寻求激励员工的新途径。另外，保护员工利益的立法也将使越来越多的企业经理人员稍不小心就会被诉诸法律，所以，经理人员面临的决策约束越来越严格，这也需要企业经理人员重视人力资源管理。

（五）人力资源是组织生存发展并始终保持竞争力的特殊资源

人力资源的特点表明，人力资源是组织拥有的特殊资源，也是组织获取和保持竞争力的重要资源。随着组织对人力资源的利用和开发，使得组织管理层的决策越来越多地受到人力资源管理的约束，人力资源管理正在逐渐被纳入组织的战略规划之中，成为组织竞争力至关重要的因素。心理学第一定律认为，每个人都是不同的，每个人总是在生理或心理上存在着与其他人有所不同的地方，这是人力资源区别于其他形式经济资源的重要特点。在企业等各种组织中，只有清楚地识别每个员工的与众不同之处，并在此基础上合理地任用，才可能使每位员工充分发挥潜能，组织也才可能因此而获得最大的效益。

四、人力资源开发

与人力资源管理经常同时出现的还有人力资源开发这一名词，有的教材名称就叫作"人力资源管理与开发"，其实，人力资源管理与人力资源开发是既有联系又有区别的一对概念。从前面的介绍中可以看出，现代人力资源管理区别于传统人事管理的一个重要特征就是更加注重对人力资源潜力的开发，也就是说，我们现在所讲的人力资源管理在多数情况下已内含了开发的功能，但这并不能完全体现出"人力资源开发"更深入的内涵。

（一）人力资源开发的定义

人力资源开发的定义是：第一，由雇主提供的有组织的学习体验；第二，在一段特定的时间内；第三，其目的是增加雇员提高自己在职位上的绩效和发展个人的可能性。

人力资源开发主要包括培训、职业生涯开发、组织开发和管理开发，具体内容为：

1. 培训

当新员工进入组织时，培训活动就开始了，通常是以员工导向培训（Orientation）的形式展开。导向培训是由人力资源开发人员和新员工的直接主管共同负责进行的活动，目的是让新员工熟悉工作环境、职务的任务和责任、建立工作关系、克服陌生感、接受组织的价值观和文化、学习完成职务工作所需要的初级技能与能力。

培训工作主要针对一线员工进行。培训的内容主要围绕职务所需的知识、技能、能力与应有的工作态度和积极性。培训可以有两重意思：一方面，培训的目标是提高员工在这些岗位上的工作效率，也就是组织的赢利；另一方面，培训还可以以一种关怀的态度进行。这时，培训将会针对员工工作中可能遇到的问题，增强他们分析问题、解决问题的能力，培养他们主动承担自己工作行为责任的能力，让员工能保持高绩效状态。因此，在这个意义上，培训已经是一种教练活动。在这样的活动中，员工被看作组织的一个合伙人，培训活动帮助员工既达到为组织赢利的目的，又实现员工自我发展的目标。从这个意义来说，培训主要是以蓝领工人为对象的。

培训还可以用于解决员工面临的具体问题，即使这个问题表面上看与组织绩效没有关系。例如，员工应对压力，面对的节食、营养、瘦身、戒烟、戒酒和戒毒等方面的问题。这些问题的解决实际上是在帮助组织创造更高的利润，同时也让员工的工作与生活质量得以提高。这样的培训活动已经是一种雇员援助活动。

培训常常被用于带有强制性的学习内容的学习，针对的是全体员工。尤其是那些带有强制性的教育内容，如安全健康教育、国家法律法规教育、企业规章制度教育等。

一般来说，培训是以企业内部员工为对象展开的，而现在，培训已开始扩展到以企业外人员为对象。这包括以企业的各种各样的利益相关者为对象而进行的培训，其对象可以是顾客、消费者、销售商、供应商等。

2. 职业生涯开发

职业生涯是一个进入工作场所的人一生所经历的不同职务所构成的轨迹。在这个过程中，个人经历一系列的阶段。在这些不同的阶段，他所面临的问题、需要完成的任务、可能的障碍和可能获得的支持等都有一定的共性，因此才可能对职业生涯进行规划和管理。职业生涯的开发是以职业生涯为对象进行的开发活动。职业生涯开发既可以从个人的角度进行，也可以从组织的角度进行。严格地说，从组织角度进行的职业生涯开发活动才是构成企业人力资源开发的职业生涯开发。企业希望通过组织的职业生涯开发活动让员工获得更大的职业满足感，让员工的职业生涯开发获得组织的支持，从而让员工为组织做出更大的贡献。组织的职业生涯开发是比较复杂的活动，它主要通过培训、咨询、辅导、教练、雇员援助计划等形式进行。

3. 组织开发

组织开发是一种通过运用行为科学原理对组织中的成员进行团队式的影响，

改变他们的知识、技能、能力，最重要的是改变他们的态度和积极性的活动。组织开发要完成的任务包括两个方面：一方面，组织开发要解决让组织准备好面对复杂多变的环境问题，也就是说，通过组织开发活动，组织成员将对变革采取一种客观的或者是欢迎的态度，而不是抵制改革；另一方面，需要解决一个群体的整体开发，而不是个体的开发，也就是说，它需要改变的不是一个人的态度和行为，而是一个群体的态度和行为，这个群体可以是一个小的团队，也可以是一个部门，还可以是不同的群体之间。当然，更需要的是整个组织作为一个整体所发生的变化。

组织开发是通过变革代理人（Change Agent）来进行的，这个代理人可以是组织内的，也可以是组织外的。无论如何，人力资源开发者在其中都应该发挥重要作用。组织开发所依赖的开发手段有相对的独特性，它所依赖的手段被称为行为干预。这对人力资源开发者是比较陌生的工作，也需要他们具有更加深入的专业素质。而实际上，组织开发工作是最能体现人力资源开发的战略性工作，而这一工作需要人力资源开发者与高层管理者及中层管理者发生复杂的关系。

需要指出的是，尽管我们将组织开发归在人力资源开发中，但这两个领域的差异是比较大的。首先，两个领域的理论基础有比较大的差异，人力资源开发总的说来是以学习理论和教育学科为基础的，而组织开发更多的是以组织行为理论为基础的；其次，两个领域在组织中可能是分离的，在一些大型组织中，有专门的组织开发结构。当然，组织开发工作被归于人力资源开发部的情形也比较常见。

4. 管理开发

管理是组织效率的最重要来源，而管理者的效率却由于种种原因总是不理想。这或者是由于从事管理的人没有受过管理训练，或者是由于管理者的知识陈旧，或者是由于管理者不适合管理岗位，或者是由于管理者的管理风格不对，等等。管理者效率低下是制约管理效率最容易被人认识的原因，也正是鉴于此，对管理者展开的开发活动一直都是人力资源开发的重点，也是人力资源开发中的难点。针对蓝领工人进行的技术技能培训，一般说来都能获得比较理想的效果，而针对管理者进行的培训与开发，其效果常常是差强人意。

管理开发以组织中现在或未来的管理者为对象展开，其目的是提高管理者的管理效率，增进他们的管理知识、技能和能力，改变他们的管理态度和动机。管理开发可以针对高级、中级和初级管理者三个层次分别进行。管理开发既可以在组织内展开，也可以在组织外展开。当管理开发是在学校内正式展开的时候，就是一种管理教育了。

不同组织中的人力资源开发所完成的使命是不同的。不过，我们从三种不同组织中大致可以看出人力资源开发部门所肩负的三个不同责任：一是为组织内部提供学习活动和项目以改善组织的绩效；二是通过学习活动来实现组织目标；三是为其他组织提供培训和开发活动。

第一类的使命是最普遍的，大多数的组织提供人力资源开发活动是为了改善组织的绩效。这时，组织提供培训活动的目的是与员工当前工作相关的，培训是为了保证组织中的成员能更好地完成其职务对他们的要求，通过培训使他们能提供组织需要的产品和服务。

组织向非雇员提供培训同样是为了实现组织目标。向组织外的成员提供培训在企业的培训项目中越来越受到重视，主要包括向顾客、供应商、销售商和其他利益相关者提供的培训。例如，对政府组织、非营利组织和志愿组织来说，人力资源开发项目的主要对象已经是这些组织中的不同部门和机构的服务对象，通过培训活动，这些机构和部门才能更好地向他们的服务对象提供更好的服务（如安全与危机管理、税收征集等），从而使他们完成自己的任务。还有许多组织向其他组织提供培训，其目的可能是多样的。最好的一种目的可能是与利润无关的，组织提供这样的培训只是一种社会公益活动。

（二）人力资源开发与人力资源管理的联系与区别

人力资源管理与开发从组织管理的角度来看，是紧密联系在一起的，在具体实施过程中也绝不可以割裂开来，否则就易使人力资源管理陷入传统的人事管理之中。两者的关系可以定位为管理是对人力资源现实能力的使用与规范，而开发则着眼于人力资源与组织未来的发展潜力。具体来说，其联系有三个方面：（1）人力资源开发建立在人力资源管理的基础上。因为人力资源开发并不是不加分析的统一政策的开发，也需要在对不同人力资源个体和群体的不同诊断基础上执行不同的政策，而这些诊断信息主要依靠人力资源管理来获得。（2）人力资源开发的主要内容包含在现代人力资源管理的各个环节。人力资源开发的重点是展开对组织中人力资源的各种针对性培训，以及对人力资源的职业生涯设计开发，这些内容已公认为现代人力资源管理专业的组织部分。（3）人力资源管理要以人力资源开发为导向。因为人力资源开发更体现了组织的战略性和对人力资源的重视，所以一个有生命力的组织显然不能仅仅停留在日常的管理之中，而应追求组织的长期发展。

人力资源开发与人力资源管理的区别仅仅表现在各自侧重点的不同，主要有三个方面：（1）人力资源开发比人力资源管理更强调战略性与长期性；（2）人力资源开发是人本理念最集中的体现，因为开发的各项措施常常表现在对人力资源实施的培训上，这种培训又强调组织需求与个人需求的结合，当然是对人力资源的最大重视；（3）人力资源开发的某些内容人力资源管理并不能完成，例如上面提到的有争议的组织开发的内容，显然是人力资源管理领域所不能完全承载的。

第二节　现代人力资源管理的功能与内容

一、人力资源管理的目标与功能

人力资源管理目标是其各项功能的导向，而其功能又是对人力资源管理目标的具体分解，但这一目标从根本上要服从于组织的总体目标和战略。

（一）人力资源管理的目标

关于人力资源管理的目标的身份种说法：

说法一认为人力资源管理的目标有四个方面：第一，建立员工招聘和选择系统，以便于能够雇用到最符合组织需要的员工；第二，最大化每个员工的潜质，既服务于组织的目标，也确保员工的事业发展和个人尊严；第三，保持那些通过自己的工作绩效帮助组织实现组织目标的员工，同时排除那些无法对组织提供帮助的员工；第四，确保组织遵守政府关于人力资源管理方面的法令和政策。

说法二认为人力资源管理的目标有九个方面：（1）帮助组织实现目标；（2）有效地利用劳动者的技能；（3）提供训练有素和良好动机的员工；（4）提高员工的满意度和自我实现；（5）实现职业生涯的质量；（6）与所有的员工交流人力资源管理的政策；（7）坚持符合伦理规范和社会责任的行为；（8）管理变革，即在不损害组织生存的前提下有效地发现和使用新的、灵活的方法；（9）提高应急管理能力和加快循环时间。

两种说法有着共同之处，都强调人力资源管理要帮助实现组织的目标，而手段在于通过对员工的管理，后者还提高了组织的社会责任，这也是组织内部管理的外部效应。总的来说，人力资源管理是帮助组织向社会提供它所需要的产品与服务，并使组织在市场竞争中生存和发展，把组织所需要的人力资源吸引到组织中来，将他们保留在组织之内，调动他们的积极性，开发他们的潜能，来为本组织服务。

（二）人力资源管理的功能

关于人力资源管理的功能，国内学者的认识是比较统一的，大都围绕对人力资源的吸引、使用和开发提出的，目前有两种代表性说法。

1. 五职责说

（1）吸引

确认组织中的工作要求，决定这些工作需要的人数与技术，对有资格的工作申请人提供均等的雇佣机会。吸引环节涉及如何进行工作分析，即确定各个工作岗位任务的特点，从而确定企业中各个工作岗位的性质和要求；如何对企业的人力需求进行预测，为开展招聘工作准备依据。

（2）录用

根据工作需要确定最合适人选的过程，确保企业能够从工作申请人中间选拔出符合企业需要的员工。

（3）保持

保持员工工作的积极性，保持安全健康的工作环境。这包括决定如何管理员工的工资和薪金，做到按照员工的贡献等因素进行收入分配，做到奖惩分明，同时通过奖赏、福利等措施激励员工。

（4）发展

提高雇员的知识、技能和能力等方面的素质，保持和增强员工的工作能力。其中，包括对新到本企业的员工进行工作引导和业务培训，训练和培养各级经理人员，以及为了使员工保持理想的技能水平而进行的一系列活动。

（5）评价

对工作结果、工作表现和对人事政策的服从情况做出观察和鉴定。其中，包括决定如何评价员工的工作业绩，如何通过面谈、辅导和训话等方式与员工进行面对面的交流。

2. 五功能说

（1）获取

获取包括招聘、考试、选拔与委派。

（2）整合

使被招收的职工了解企业的宗旨与价值观，接受和遵从其指导，使之内化为他们自己的价值观，从而建立和加强他们对组织的认同与责任感。

（3）保持和激励

提供职工所需奖酬，增加其满意感，使其安心和积极工作。

（4）控制与调整

评估他们的素质，考核其绩效，做出相应的奖惩、升迁、离退、解雇等决策。

（5）开发

对职工实施培训，并提供给他们发展机会，指导他们明确自己的长、短处及今后的发展方向和道路。

二、人力资源管理的任务与内容

（一）人力资源管理的任务

人力资源管理的基本任务在于为组织发展提供人力资源上的保证。

（1）通过计划、组织、调配、招聘等方式，保证一定数量和质量的劳动力和专业人才，满足企业发展的需要。（2）通过各种方式和途径，有计划地加强对现有员工的培训，不断提高他们的劳动技能和业务水平。（3）结合每个员工的职业生涯发展目标，对员工进行选拔、使用、考核和奖惩，尽量发挥每个人的作用。（4）协调劳动关系。运用各种手段，对管理者与被管理者、员工与雇主、员工与员工之间的关系进行协调，避免不必要的冲突和矛盾。同时，要考虑到员工的利益，保障员工的个人权益不受侵犯，保证劳动法的合理实施。（5）对员工的劳动给予报酬。通过工作分析和制定岗位说明书，明确每个岗位的功能和职责，对承担这些职责的人的工作及时给予评价和报酬。（6）管理人员的成长。管理人员的培训和开发是现代人力资源管理的重要内容之一，要保证任何部门、任何位置的负责人随时都有胜任的人来接任。

（二）人力资源管理的主要内容

人力资源管理的主要活动又称为人力资源管理的各项职能，是指组织中人力资源管理人员所从事的具体工作环节。不同规模的组织所涉及的活动略有区别，尤其是在人力资源管理部门岗位设置和人员分工上有很大的不同，但从最全面的角度来看，人力资源管理的主要活动有以下几个方面。

1. 人力资源规划

这一过程是从最初的所谓人力规划基础上发展起来的。人力资源规划的宗旨是，将组织对员工数量和质量的需求与人力资源的有效供给相协调。需求源于公司运作的现状与预测，供给方面则涉及内部与外部的有效人力资源量。内部供给是近年来组织合理化目标的体现，涉及现有劳动力及其待发挥潜力；外部供给取决于组织外的人员数，受人口趋势、教育发展以及劳动力市场竞争力等多因素影响。规划活动将概括出有关组织的人力需求，并为一些活动，如人员选拔、培训与奖励提供所需要的信息。

2. 人员招聘

招聘之前，要做工作分析。在此过程中，要对某一岗位的员工职责仔细分析，并做出岗位描述，然后确定应聘该岗位的候选人应具备的能力。应根据对应聘人员的吸引程度选择最合适的招聘方式，如报纸广告、职业介绍所、人才交流会等。

3. 人员选拔

其有多种方法，如求职申请表、面试、测试和评价中心等，可用于从应聘人员中选择最佳候选人。通常是第一步筛选后保留条件较合适者，应聘者较少时这一步骤就不必要了。做选择决定时需要一些辅助手段，如理想候选人标准。

4. 绩效评估

这是一种根据设定目标评价员工业绩的方法，但并未被广泛接受。人事人员往往只参与制定程序，而过程的管理则通常留待部门经理去完成。一般是在有关人员填写一系列表格，使有关部门对其最近一次面试（通常为一年）以来的业绩有一个较好了解后，安排面试。业绩可以用事先设定的指标量化，其结果可用作对员工进行培训，或在某些情况下作为表彰奖励的依据。

5. 培训

这一过程关系到建立何种培训体系，哪些员工可以参加培训等问题。培训种类多样，从在职培训到由组织外机构提供的脱产学习和培训课程，当组织对核心员工在公司内的发展有所计划时，培训与发展的关系就很显而易见了，这种情况下管理人员总是努力使公司需要与个人事业发展相协调。

6. 报酬与奖惩

这项工作的范围很广，包括确定工资级别和水平，福利与其他待遇标准的制定，奖励和惩罚的标准与实施，以及工资的测算方法（如岗位工资、计件工资或绩效工资等），各种补贴的标准。

7. 劳动关系

涉及这一部分的环节包括与员工签订劳动协议或雇佣合同，处理员工与公司或员工之间可能出现的纠纷，制定员工的权利和义务，按照劳动法处理各类员工问题，制定员工投诉制度。人事主管还要针对与雇佣立法有关的事项提供意见，并应熟知与法律条款适用性有关的实际问题。

8. 员工沟通与参与

通过召开会议等形式将有关信息传达给员工，安排一定的方式使员工能对公司决策有所贡献（如提出建议方案）。在特定环境中，协商也可归入此类活动。目前，越来越多的公司采用团队式的管理方式，如质量小组，这样员工有机会参与到与其工作相关的决策活动中。

9. 人事档案记录

员工的人事记录通常由人事部门集中管理，这些记录中包括最初的应聘材料，后续工作中添加的反映员工资历、成绩和潜力的资料。员工档案是人事决策的一项重要依据。随着计算机的普及，许多公司采用了人力资源管理信息系统，用计算机来管理人事档案资料。

需要指出的是，一个组织的人力资源管理活动是由人力资源管理专业人员（包括人事经理或主管）和各业务主管（部门经理）共同完成的。实际情况下，特别是对大机构而言，人事活动经常包含以上所列的多种形式。例如，生产部门经理需要招聘一位工人，他首先要确定需要什么样的人，提出具体要求，然后各班组长或工段长协商，看是否可以在本部门解决，若能解决，则将人员变动报人力资源部门；如果不能解决，就需要与人力资源经理或负责人进行协商，看公司其他部门是否有合适人选，或者从公司外部招聘，这就需要综合考虑该职位的实际需要，内部人员补充情况，填补空缺所需成本等。若最终决定从外部招聘，人事主管将在以下方面为生产经理提供支持，如起草岗位职责说明，发布广告招聘信息，对面试过程提出建议。聘用合同一般应由人事主管签发。这个例子说明人事活动中高层经理的参与情况。有些机构中，特别是对较低职位人员的聘用，人事主管的直接介入较少，可能只涉及招聘广告和签发合同。

（三）人力资源管理内容的关系

人力资源管理的各项活动之间不是彼此割裂、孤立存在的，而是相互联系、相互影响，共同形成了一个有机的系统。

1. 以工作分析与评价为基础

在这个职能系统中，工作分析和工作评价是一个平台，其他各项职能的实施基本上都要以此为基础。在人力资源规划中，预测组织所需的人力资源数量和质量时，基本的依据就是职位的工作职责、工作量和任职资格，而这些正是工作分析的结果，即职位说明书的主要内容；预测组织内部的人力资源供给时，要用到各职位可调动或晋升的信息，这也是职位说明书中的内容。进行计划招聘时，发布的招聘信息可以说就是一个简单的职位说明书，而录用甄选的标准则主要来自职位说明书中的任职资格要求。绩效管理和薪酬管理与工作分析和工作评价的关系更加直接。在绩效管理中，员工的绩效考核指标可以说是完全根据职位的工作职责来确定的；而在薪酬管理中，员工工资等级的确定，依据的信息主要就是职位说明书的内容。在培训开发过程中，培训需求的确定也要以职位说明书对业务知识、工作能力和工作态度的要求为依据，简单地说，将员工的现实情况和这些要求进行比较，两者的差距就是要培训的内容。

2. 以绩效管理为核心

绩效管理在整个系统中居于核心地位，其他职能或多或少都要与它发生联系。预测组织内部的人力资源供给时，需要对现有员工的工作业绩、工作能力等做出评价，而这些都属于绩效考核的内容。计划招聘也与绩效考核有关，我们可以对来自不同渠道的员工的绩效进行比较，从中得出经验性的结论，从而实现招聘渠道的优化。录用甄选和绩效管理之间则存在着一种互动的关系，一方面，可以依据绩效考核的结果来改进甄选过程的有效性；另一方面，甄选结果也会影响到员工的绩效，有效的甄选结果将有助于员工实现良好的绩效。将员工的现实情况与职位说明书的要求进行比较后就可以确定出培训的内容，那么员工的现实情况又如何得到呢？这就要借助绩效考核了，因此培训开发和绩效管理之间存在着一定的关系。此外，培训开发对员工提高绩效也是有帮助的。目前，大部分企业在设计薪酬体系时，都将员工的工资分为固定工资和浮动工资两部分，固定工资主要依据工资等级来支付，浮动工资则与员工的绩效水平相联系，因此绩效考核的结果会对员工的工资产生重要的影响，这就在绩效管理和薪酬管理之间建立了一种直接的联系。通过员工关系管理，建立起一种融洽的氛围，这将有助于员工更加努力地工作，进而有助于实现绩效的提升。

3. 其他活动相互联系

人力资源管理的其他活动之间同样也存在着密切的关系，录用甄选要在招聘的基础上进行，没有人来应聘就无法进行甄选；而招聘计划的制订则要依据人力资源规划，招聘什么样的员工、招聘多少员工，这些都是人力资源规划的结果；培训开发也要受到甄选结果的影响，如果甄选的效果不好，员工无法满足职位的要求，那么对新员工培训的任务就要加重，反之，新员工的培训任务就比较轻。员工关系管理的目标是提高员工的组织承诺度，而培训开发和薪酬管理则是达到这一目标的重要手段。培训开发和薪酬管理之间也有联系，员工薪酬的内容，除了工资、福利等货币报酬外，还包括各种形式的非货币报酬，而培训就是其中的一种重要形式，因此从广义上来讲，培训开发构成了报酬的一个组成部分。

三、人力资源管理部门设置与职权

虽然人力资源管理有以上的许多活动环节，但在不同的组织中所涵盖的方面及岗位设置是各不相同的，而且不同类型的组织，其中最主要是规模不同的组织，人力资源机构的设置有着很大的区别。这也反映了不同的组织中人力资源管理部门的地位以及对人力资源管理人员的不同需求。

（一）不同规模组织的人力资源部门设置

组织中从事人力资源管理这一职业的人可以分为三类：人力资源高级管理人员、多面手和专家。这些不同的人员是组织中人力资源管理部门的主要成员。

（1）人力资源高级管理人员是人力资源方面处于较高层级的管理者，他们是直接向组织的最高管理层或主要部门主管进行报告的高层经理。(2)多面手通常是人力资源管理方面的管理人员，他们负责多个相互联系的人力资源管理工作职能方面的工作。多面手的工作涉及组织人力资源管理的全部工作职能或者其中几个工作职能。目前，在组织中的一个变化趋势是，许多组织将人力资源管理的多面手分派到各个一线组织中去，从而使组织保持更小规模的人力资源部门。（3）人力资源管理专家可以是人力资源高级管理人员、一般管理者或者非管理人员，他们只专注于人力资源管理各项工作职能中的某一个方面。在当今的人力资源管理环境中，从事人力资源管理职业的人员正在向着更加多面化的方向发展。

1. 小型组织人力资源管理部门的设置

小型组织的人力资源管理部门的设置特点是：

（1）一般不拥有正式的人力资源管理专家，有的甚至没有正式的人力资源管理部门，而是和其他部门（如行政部门、办公室）合并办公来处理人力资源管理事务。（2）小型组织的人力资源管理部门的工作重心一般更多地放在招聘和培训员工，以及档案和薪酬管理等事务方面。

小型组织人力资源管理部门的设置虽然较简单，但其职能的重要性却并不逊色。比如，一家小型企业如果在人员招聘和工作分派方面出现严重的错误，那么这些错误就很可能会导致整个企业的失败，而在大型组织这类错误的危害就要相对小许多。此外，由于小型组织面对大、中型组织的强大竞争，往往需要花更大的精力获取必要的优秀的人力资源，以维系自己的生存和发展。

2. 中型组织人力资源管理部门设置

中型组织一般都会拥有专门的人力资源管理部门，其设置特点如下。

（1）会在某些人力资源管理的职能方面出现专业化的分工，比如往往会有一个秘书来专门处理往来信件等事宜。（2）人力资源部门中拥有为数不多的人力资源管理专家或多面手。（3）人力资源部门经理是十分重要的。

3. 大型组织人力资源管理部门设置

大型组织的人力资源管理部门设置特点如下。

（1）分工进一步细化，例如往往设置招聘、培训和开发、薪酬和福利、安全与健康等多个下属部门。（2）拥有数量较多的人力资源管理专家或多面手，这些人员往往会负责人力资源部的一个或几个下属部门，并向人力资源部经理报告。（3）人力资源部门的经理与企业最高层的联系更为密切，在许多大型组织中会出现专门负责人力资源管理的高层领导，比如负责人力资源事务的副总裁。

所谓的大型组织的规模也没有一定的标准，视情况不同，有的组织在人力资源部内部设置二级经理甚至三级经理，但有的组织只是在人力资源部门经理下设置主管和专员两个层级，而且二级部门或专业职能模块的划分也不尽相同。

4. 跨国公司人力资源管理部门设置

在一些特大型组织，如跨国公司，人力资源管理部门的设置更为复杂，不仅有专业职能上的分工，而且会有地域上的分工；在管理层级上也更为复杂，拥有各种高级人力资源管理人员、多面手及专家。

随着竞争全球化的加剧，在许多大型组织（尤其是跨国公司）中出现了共享服务中心，它是组织中一个相对独立的机构，将散布在整个组织中例行的、事务性的工作活动整合在一起，并为管理者和员工提供直接的支持。共享服务中心的主要优点是：组织的人力资源管理者从例行公事中解脱出来，从而可以承担更加战略化的任务。

另外，越来越多的组织将某些人力资源管理的非核心职能外包出去。所谓外包，是指组织将与某一领域的服务和与目标有关的职责转交给组织外部的供应者去完成。外包的主要优点是：缩短运营时间，更加有效地降低成本。外包的前提应当是不降低组织运作的效率。

采用人力资源管理共享服务中心或者外包等形式的组织，其人力资源管理部门的设置将会发生变化，即人力资源部的工作职能趋于集中，那些外包出去的职能将不在人力资源部的工作范围之内，尽管仍需要对这些职能进行监督。这样，组织人力资源部的设置将更多地与组织的战略目标相联系。

（二）人力资源管理部门与其他部门的分工

组织中所有的管理人员都承担着一定的人力资源管理的职能，这是因为他们的工作都要涉及选拔、培训、评估、激励等各个方面的人力资源管理活动。但大多数的企业都设有专门的人力资源管理部门（或者人事管理部门）和人力资源经理，负责人力资源的运作职能。人力资源经理及其下属同其他管理人员的人力资源管理职责既有共同之处，又有一些明显的区别，这主要体现在他们所拥有的职权上。

1. 职权及其划分

职权是指制定决策、下达命令和指挥别人工作的权力。在组织管理中，职权分为直线职权和职能职权。直线职权是直线或梯级的职权关系，即上级对下属行使直接的管理监督的关系。职能职权是顾问性质的职权关系，即进行调查、研究并向直线职权提出建议。

拥有直线职权的管理者是直线管理者，拥有职能职权的管理者是职能管理者。直线管理者拥有完成生产和销售等实际业务的下属，有权直接指挥其下属的工作，因此直线管理者需要负责完成组织的基本目标。职能管理者不拥有完成生产和销售等实际业务的下属，他们只是负责协助直线管理者完成组织的基本目标。人力资源经理属于职能管理者，他们负责协助生产和销售等方面的管理者处理选拔、评估、激励等方面的事务。

2. 直线管理者的人力资源管理职权

直线管理者所具有的人力资源管理职权包括：指导组织的新进员工，训练员工掌握新的技能，分派适当的人员担任适当的工作，培养员工之间的合作工作关系，协助员工改进工作绩效，向员工传达组织的各种规章和政策，控制本部门的人事费用，开发员工的工作潜力，激发并维护员工的工作积极性，维护员工的身心健康，等等。

一般来讲，当组织规模很小的时候，直线管理者是可以独立完成上述各项工作的。当组织规模达到一定程度时，直线管理者就需要人力资源职能部门的协助以及人力资源管理的专业知识支持。

3. 人力资源管理者（或人力资源经理）的人力资源管理职权

人力资源经理人的人力资源管理职权既有与直线经理人相似的直线职能，也有人力资源经理人特有的服务职能。人力资源经理人的直线职能包含两层含义：一是在人力资源部门内部，人力资源经理必须行使直线经理人职权，指挥自己的下属工作；二是在整个组织范围内，人力资源经理对其他经理人可能行使相当程度的直线职能，这就是所谓的人力资源经理的"隐含职权"。这是因为其他的直线经理人知道人力资源经理由于工作关系能够经常接触最高管理层，因此，人力资源主管所做的建议经常被看作是上级指示，而受到直线经理人的重视。人力资源经理人的服务职能指的是：一方面，人力资源经理和人力资源部门作为最高管理层的得力助手，要协助企业的最高管理层保证人力资源方面的目标、政策和各项规定的贯彻执行。另一方面，人力资源经理人要为直线经理人提供人力资源管理方面的服务，其中包括：帮助直线经理人处理所有层次员工的任用、训练、评估、奖励、辅导、晋升和开除等各种事项；帮助直线经理人处理健康、保险、退休和休假等各种员工福利计划；帮助直线经理人遵守国家各项有关劳动和人事方面的法律和规定；帮助直线经理人处理员工的不满和劳工关系。在解决这些问题当中，人力资源经理和人力资源部门必须提供最新的信息和最合理的解决办法。

第二章　现代人力资源战略规划

第一节　人力资源战略规划概述

一、人力资源管理的内涵

人力资源管理是继 20 世纪 50 年代管理学大师德鲁克提出"人力资源"的概念后迅速发展起来的。

综合国内外学者的观点，可以认为人力资源管理就是根据组织和个人发展需要，而对组织中的人力这一特殊资源进行合理配置、有效开发、恰当激励的全部管理过程与活动。具体可以从以下几个方面对人力资源管理的内涵进行理解：

第一，管理的主体是组织，是为达到组织目标而开展的。人力资源管理从主体角度可以分为宏观和微观两个层面。宏观人力资源管理，是指在一个国家或一定地区范围内对社会人力资源的管理，包含劳动力流动管理、产业或地区劳动力配置、劳动保障等。微观人力资源管理以组织为主体，指企业中的人力资源管理是依据组织需要，为实现组织目标而开展的一系列管理活动。本书中的人力资源管理特指微观层面，即企业的人力资源管理。

第二，管理的对象是人力资源，是组织最重要的资源。人力资源由于其主观能动性、社会性、再生性等特点，具有物力、财力所无法比拟的特性，被称为组织的第一资源。人力资源管理就是围绕这一特殊资源而开展的，根据个人特点和需要，为调动人的积极性、激发创造性而进行的管理活动。

第三，人力资源管理是一个完整的管理系统。人力资源管理由甄选、配置、使用、开发、激励等一系列管理活动构成，各项工作立体交叉、有机关联在一起，形成一套完整的管理系统。

二、人力资源管理的功能

人力资源管理的功能是指它自身应该具备或发挥的作用，具有一定的独立性。人力资源管理的基本功能就是通过吸收、整合、开发、激励、调控、保护，实现人力资源管理目标。

第一，吸收功能。人力资源的吸收功能就是根据人力资源规划和工作分析，通过招聘与录用，将组织需要的人力资源吸收到本企业。

第二，整合功能。企业是人的集合体，个体与个体、群体与群体、个体与群体、个体与企业组织都会存在差异，整合功能就是通过教育培训、企业文化传播、信息沟通、冲突与压力的调节缓和等，使员工不同的目标、价值观、态度、行为趋于一致。经过整合，培养员工的认同感，规范员工的行为，提高员工工作生活质量和满意度。

第三，开发功能。通过教育培训、职业规划等开发管理活动，使员工的知识、技能、综合素质得到进一步的提高，员工的积极性和潜力最大限度地发挥出来。既为企业节省成本，又对企业做出贡献。

第四，激励功能。通过运用多种报酬分配手段，对人力资源的资本价值给予回报，满足员工对物质、精神方面的需要，激励员工努力工作，创造佳绩。

第五，调控功能。调控功能体现在企业对员工实施合理、公平的动态管理，对员工的工作表现、潜质和工作绩效进行评估和考核，可以为企业做出人力资源奖惩、升降和去留等决策提供依据。具体表现为晋升、调动、工作轮换、离退休和解雇等。

第六，保护功能。企业在经营活动中保护员工的合法权益，保证员工的安全和身心健康，保障员工就业和应得的合法收入，这是人力资源管理的一项不容忽视的工作内容，以此保证员工能够持续不断地正常工作。保护功能可以避免劳资纠纷，融洽企业与员工的关系，实现共同发展的目标。

三、人力资源战略规划的内容

（一）人力资源战略规划内容框架

人力资源战略规划的源头在于企业的战略分析，通过分析企业的产业环境、战略能力、愿景使命目标及业务发展目标等，从而确定人力资源管理如何支撑战略目标的实现，企业需要什么样的人才结构来实现企业的战略目标。在确定人力资源战略使命与愿景目标之后，人力资源部门及直线经理应该明确各自的工作职责与需要发挥的功能，制订人力资源管理战略执行计划，构建 HRM（人力资源管理系统）平台作为人力资源管理战略的实施保障。最后，要对人力资源管理的有效性进行评估，考核人力资源管理给企业带来了多大的价值贡献，并利用评价结果对企业战略及人力资源战略进行调整，实现企业战略—人力资源战略—人力资源战略规划的良性互动，扩大人力资源管理的价值创造能力。

（二）人力资源战略规划的一般内容

人力资源战略规划的一般内容包括以下几个方面：①理解企业发展战略及策略目标体系，分析业务状况与组织框架，确认人力资源的战略、目标、原则、政策。②人力资源现状盘点，识别人力资源的现状与战略问题，分析人力资源现状与未来战略需求的差异。③进行人力资源的供给与需求预测，发现人力资源的供求缺口。④设计人力资源战略性问题的系统解决方案，调整人力资源管理系统的业务职能，为实现人力资源战略规划的落地进行政策和制度安排，并制订具体措施及行动计划。⑤对人力资源战略规划的实施情况进行适时的评估与控制，以保证人力资源规划按照预定计划实施或及时调整人力资源规划，以适应组织与战略发展的需要。

（三）人力资源战略规划的具体内容

上述是人力资源战略规划的一般内容，具体而言，人力资源战略规划包括三个方面：人力资源数量规划、人力资源结构规划、人力资源素质规划。这三方面的内容为企业人力资源管理提供了指导方针和政策。

下面我们来对这三个方面内容做具体阐述。

1. 人力资源数量规划

人力资源数量规划是依据企业战略对未来企业业务规模、地域分布、商业模式、业务流程和组织结构等因素，确定未来企业各级组织人力资源编制及各职业种类人员配比关系或比例，并在此基础上制订企业未来人力资源需求计划和供给计划。人力资源需求计划和供给计划需要细化到企业各职业种类人员的需求与供给上。人力资源数量规划的实质是确定企业目前有多少人，企业未来需要多少人。换言之，人力资源数量规划最终要落实到企业编制上。

在企业，战略、组织结构都已经明晰的前提下，进行企业编制设计的主要步骤包括以下几个方面：

第一，结合近十年企业经营统计数据分析和企业发展的行业特点，判断企业处于不同阶段的业务流程及业务特点，并确定组织中哪些职位是关键职位和重点职位。

第二，依据组织的职能域，梳理组织设计中的关键职位和重点职位，明确引起这些职位变动的驱动因素（即预测因子）和劳动定额。那么，当驱动因素变化时，根据劳动定额就可以确定职位的编制。

第三，在假设技术条件不变的前提下，确保主流程关键职位和重点职位的编制不变，而对辅助岗位的编制则采取弹性设置。主要方法有：确定各职业种类的比例；控制总人数；控制工资总额。一般而言，对于辅助岗位应采取不断提高从业者的工作技能的政策，从而达到减少辅助人员数量的目标。

第四，企业编制的动态调整。随着辅助人员的变化，可能引起组织结构做相应的调整，即从业者素质越高，所需相关岗位从业者编制就越少，依据组织设计的管理幅度要求，这时组织结构就可以简化。同时，企业要依据组织分布的地域状况，考虑干部的储备要求，适当放宽中高层管理人员的编制设置。

人力资源数量规划主要解决企业人力资源配置标准的问题，它为企业未来的人力资源配置乃至整个人力资源的发展提供了依据、指明了方向。但是，在具体操作时，企业人力资源现状与人力资源数量规划所提供的标准会有一定的，甚至很大的差距，因为理论和现实总是会有差距的，而如何缩小差距正是企业人力资源部门下一步要解决的问题。

2. 人力资源结构规划

人力资源结构规划是依据行业特点、企业规模、未来战略重点发育的业务及业务模式，对企业人力资源进行分层分类，同时设计和定义企业的职类、职种、职层功能、职责及权限等，从而理顺各职业种类职层人员在企业发展中的地位、作用和相互关系。人力资源结构规划的目的是要打破组织壁垒（如部门）对人力资源管理造成的障碍，为按业务系统要求对相关人员进行人力资源开发与管理提供条件。同时，人力资源结构规划也为建立或修订企业人力资源管理系统（如任职资格体系、素质模型、薪酬体系和培训体系等）打下基础。

人力资源数量规划与人力资源结构规划以及素质规划是同时进行的，数量规划和素质规划都是依据结构规划所确定的结构进行的，因此人力资源结构规划是关键，也是一个难点。

（1）确定人力资源结构分析的目的

确定人力资源结构分析的目的：第一，确定各职种在企业价值创造中的贡献系数，作为薪酬、晋升等人力资源政策的依据；第二，按各职种贡献大小合理配置人力资源（以贡献系数为基础）。

（2）提出人力资源结构规划的假设

提出人力资源结构规划的假设：第一，贡献系数是指某一职种与其他职种相比，其对企业收益的贡献程度。第二，以贡献系数作为每一职种员工数变化幅度的判断基准——员工数量减少时，贡献度越小，变化幅度越大；员工数量增加时，贡献度越大，变化幅度越大。

（3）确定价值贡献系数

对企业各职种进行价值贡献度评价的关键是要科学地确定各职种价值贡献系数。我们在咨询实践中引入 AHP 法（层次分析法）确定各职种价值贡献度。

（4）给出结构配置模型

利用 AHP 法确定出各个职种的贡献系数后，就可以根据企业收益和贡献系数确定各个职种裁减人员的数量，或者是增加人员的数量。

（5）应注意以下几个问题

①各职种价值贡献评价的基础是达成共识，评价指标体系应是企业广泛讨论后较为一致的看法。②基于"价值创造大小决定重要性"的原则，贡献系数也可反映该职种重要程度。③贡献系数反映职种（整体）价值贡献。

3. 人力资源素质规划

人力资源素质规划是依据企业战略、业务模式、业务流程和组织对员工行为要求，设计各职业种类职层人员的任职资格要求，包括素质模型、行为能力及行为标准等。人力资源素质规划是企业开展选人、用人、育人和留人活动的基础与前提条件。

（1）人力资源素质规划的内容

人力资源素质规划有两种表现形式：任职资格标准和素质模型。任职资格标准要反映企业战略及组织运行方式对各职业种类职层人员的任职行为能力要求；素质模型则反映各职业种类职层需要何种行为特征的人才能满足任职所需的行为能力要求。

（2）人力资源素质规划的主要步骤

人力资源素质规划的主要步骤：分析外部环境，盘点企业内部人力资源，制订人力资源素质规划，制订具体的素质提升计划。

具体来说，有以下几点需要注意：

第一，对于前两个步骤——分析外部环境、盘点企业内部人力资源而言，由于任何一种人力资源规划都是与企业内外环境密切相关的，故无论是数量规划或是结构规划、素质规划，都需要经历这两步，只是各个规划分析的侧重点有所不同。

第二，对于后两个步骤——制订人力资源素质规划、制订具体的素质提升计划而言，当员工整体任职能力和素质不断提高时，企业员工的适岗率也将提高，这表明企业员工的职业化程度也在提高；当企业员工整体素质、任职能力和适岗率提高到一定程度时，在工作条件不变的情况下，企业所需员工人数可以相对减少，组织结构、业务流程也可做相应简化。

（四）在实践中总结的人力资源战略规划内容

在咨询实践中总结出人力资源战略规划的主要内容包括以下几个方面：

1．三项基础分析工作

第一，企业战略的解读与分析，即人力资源战略规划首先要反映企业战略的诉求，满足企业战略需要；第二，企业人力资源盘点与战略需求差异性分析（战略需求标杆），即企业人力资源的规划要基于企业的问题和现状，要基于企业的资源与能力，要以问题为导向，以战略为依据，提出渐进式系统解决方案；第三，行业最佳人力资源实践研究与差异性分析，即人力资源管理标杆研究和设定。

2. 人力资源战略规划的价值取向与依据

人力资源战略规划的价值取向与依据：企业人力资源管理理念、战略目标、策略与政策的研讨、提炼和确定。

3. 组织基础建设规划

组织基础建设规划：企业家的人力资源战略意识与各级管理者人力资源管理责任的承担；高层人力资源管理的组织建设（如人力资源管理委员会）；人力资源部门战略管理职能的确定与战略规划能力的提升（战略性职能）。

4. 人力资源总量与结构规划

人力资源总量与结构规划：人力资本投资发展规划（总的投入量、人力资源成本）；职位系统规划、胜任能力系统规划；人力资源结构规划。

5. 核心人才队伍规划

核心人才队伍规划：职业通道发展规划、核心人才队伍建设规划（比如对管理团队、研发团队或营销团队的规划）；核心人力素质能力提升规划。

6. 战略性人力资源职能活动规划

战略性人力资源职能活动规划：战略性绩效管理（绩效管理成为企业战略落地工具）；战略性薪酬管理与激励（吸纳、留住与激励核心人才）；战略性人才招募与配置（战略性人才结构优化与配置）；战略性人才的培养开发（基于战略的一体化人力资源解决方案）。

（五）人力资源规划的具体表现

在执行人力资源战略规划时，人力资源数量规划、结构规划、素质规划将转化为具体的人力资源计划，即接替晋升计划、人员补充计划、素质提升计划、退休解聘计划等。

1. 接替晋升计划

晋升计划实质上是组织晋升政策的一种表达方式，根据企业的人员分布状况和层级结构，拟定人员的晋升政策。对企业来说，有计划地提升有能力的人员，以满足职务对人的要求，是组织的一种重要职能。从员工个人角度来看，有计划的提升不仅意味着工资的增加，还意味着工作的挑战性、尊重的增加与满足自我实现的需求。晋升计划一般由晋升比率、平均年资、晋升时间等指标来表达。

2. 人员补充计划

人员补充计划即是拟定人员补充政策，目的是使企业能够合理地、有目标地填补组织中、长期内可能产生的职位空缺。在劳动力市场供过于求或者企业吸收能力与辞退员工受到限制的情况下，人员补充计划十分重要。人员补充计划可以改变企业内人力资源结构不合理的状况，但这种改变必须与其他计划相配合才是最经济、实用的。补充计划与晋升计划是密切相关的，因为晋升也是一种补充，只不过补充源在企业内部。晋升表现为企业内低职位向高职位的补充运动，运动的结果使组织内的职位空缺逐级向下移动，最终积累在较低层次的人员需求上。此时，内部补充就转化为外部补充——员工招聘与录用。同时，这也说明，低层次人员的吸收录用必须考虑若干年后的使用问题。此外，人员补充计划与素质提升计划也有密切的联系。

3. 素质提升计划

素质提升计划的目的是为企业中、长期发展所需要的职位事先准备人员。

4. 退休解聘计划

退休解聘计划的实质是为企业建立起淘汰退出机制。现在很多企业都已经不再有"铁饭碗"或是终身雇佣制，但依然存在大量冗余人员。很多员工只要进了企业，就不会被企业辞退，除非是主动辞职或是犯了重大错误。造成这种现象的一个重要原因就是企业只设计了向上的晋升通道，而忽略了向下的退出通道。而在人力资源战略规划中的退休解聘计划就是为了弥补这一漏洞而设计的。

素质提升计划、接替晋升计划、人员补充计划和退休解聘计划是相辅相成的，四种计划相互配合运用，其效果会非常明显。此外，根据企业的特殊情况或需求还可以制订各种其他的计划，如工资与奖金计划、继任者计划等。

第二节 人力资源战略规划的程序

一、人力资源战略规划的具体步骤

(一) 分析战略背景,盘点人力资源

确认现阶段的企业经营战略,明确此战略决策对人力资源战略规划的要求,人力资源战略规划所能提供的支持。

明确企业战略之后,要对现有人力资源进行盘点,弄清企业现有人力资源的状况,是制订人力资源规划的基础工作。实现企业战略,首先要立足于开发现有的人力资源,因此必须采用科学的评价分析方法。人力资源主管要对本企业各类人力数量、质量、结构、利用及潜力状况、流动比率进行统计。这一部分工作需要结合人力资源管理信息系统和职务分析的有关信息来进行。如果企业尚未建立人力资源管理信息系统,这步工作最好与建立该信息系统同时进行。一个良好的人事管理信息系统,应尽量输入员工个人和工作情况的资料,以备管理分析使用。

人力资源信息应包括以下几个方面:①个人自然情况,如姓名、性别、出生日期、身体自然状况和健康状况、婚姻、民族和所参加的党派等。②录用资料,包括合同签订时间、候选人、征募来源、管理经历、外语种类和水平、特殊技能,对企业有潜在价值的爱好或特长。③教育资料,包括受教育的程度、专业领域、各类培训证书等。④工资资料,包括工资类别、等级、工资额、上次加薪日期,对下次加薪日期和量的预测。⑤工作执行评价,包括上次评价时间、评价或成绩报告、历次评价的原始资料等。⑥工作经历,包括以往的工作单位和部门、学徒或特殊培训资料、升降职原因、有否受过处分(原因和类型)、最后一次内部转换的资料等。⑦服务与离职资料,包括任职时间长短、离职次数及离职原因。⑧工作态度,包括生产效率、质量状态、缺勤和迟到早退记录、有否建议及建议数量和采纳数、有否抱怨及经常性与否(抱怨内容)等。⑨安全与事故资

料，包括因工受伤和非因工受伤、伤害程度、事故次数类型及原因等。⑩工作或职务情况。⑪工作环境情况。⑫工作或职务的历史资料等。

利用计算机进行管理的企业和组织可以十分方便地存储和利用这些信息。这一阶段必须获取和参考的另一项重要的信息是职务分析的有关信息情况。职位分析明确地指出了每个职位应有的职务、责任、权力，履行这些职、责、权所需的资格条件，这些条件就是对员工素质的水平要求。

（二）明确人力资源愿景及战略

企业战略目标明晰之后，结合现有人力资源盘点的结果，制定基于企业整体战略的人力资源战略，明确人力资源愿景及使命，确定企业要实现的现阶段的战略、使命及愿景，需要什么样的人力资源战略予以支撑，并作为下一阶段行动计划的基点。

（三）构建人力资源管理体制

人力资源战略的实施需要人力资源体制的支撑。在明确人力资源战略之后，企业需要根据人力资源战略构建人力资源管理体制，包括人力资源管控模式、人力资源机制制度以及特殊专项问题。人力资源管控模式决定如何构建人力资源机制，最后解决机制上的特殊专项问题。

（四）制定人力资源核心策略

根据人力资源战略与管理体制，确定人力资源战略的核心策略。

（五）规划人力资源数量、结构与质量

根据人力资源核心策略，对人力资源数量、质量与结构进行规划。主要从人力资源需求和供给两方面进行规划。

人力资源需求预测主要是根据企业的发展战略规划和本企业的内外部条件选择预测技术，然后对人力需求的结构和数量、质量进行预测。

预测人员需求时，应充分考虑以下因素对人员需求的数量、质量以及结构的影响：①市场需求、产品或服务质量升级或决定进入新的市场。②产品和服务的

要求。③人力稳定性，如计划内更替（辞职和辞退的结果）、人员流失（跳槽）。④培训和教育（与公司变化的需求相关）。⑤为提高生产率而进行的技术和组织管理革新。⑥工作时间。⑦预测活动的变化。⑧各部门可用的财务预算。

在预测过程中，预测者及其管理判断能力与预测的准确与否关系重大。一般来说，商业因素是影响员工需要类型、数量的重要变量，预测者通过分析这些因素，并且收集历史资料去做基础的预测。从逻辑上讲，人力资源需求是产量、销量、税收等的函数，但对不同的企业或组织，每一因素的影响并不相同。

人力资源供给预测包括两方面内容：一种是内部供给预测，即根据现有人力资源及其未来变动情况，预测未来所能提供的人员数量和质量；另一种是对外部人力资源供给进行预测，确定未来可能的各类人员供给状况。

外部人力资源供给主要受两个因素的影响：地区性因素和全国性因素。

第一，地区性因素具体包括：公司所在地和附近地区的人口密度；其他公司对劳动力的需求状况；公司当地的就业水平、就业观念；公司当地的科技文化教育水平；公司所在地对人们的吸引力；公司本身对人们的吸引力；公司当地临时工人的供给状况；公司当地的住房、交通、生活条件。

第二，全国性因素具体包括：全国劳动人口的增长趋势；全国对各类人员的需求程度；各类学校的毕业生规模与结构；教育制度变革而产生的影响，如延长学制、改革教学内容等对职工供给的影响；国家就业法规、政策的影响。

（六）制订重点工程与行动计划

通过上述步骤，企业对企业整体战略、人力资源战略、体制等方面有了明确的认识和规划，因此，根据这些认识和规划，企业需要建立具体的行动计划，将人力资源规划活动落到实处，并针对特殊问题，建立重点解决方案。

人力资源规划的具体实施需要有相应的保障计划，以保证人力资源规划能够真正落到实处，并不偏离规划的初衷。保障计划主要是对人力资源规划实施过程进行监控。实施监控的目的在于为总体规划和具体计划的修订或调整提供可靠信息，强调监控的重要性。在预测中，由于不可控因素很多，常会发生令人意想不到的变化或问题，如若不对规划进行动态的监控、调整，人力资源规划最后就可能成为一纸空文，失去了指导意义。因此，执行监控是非常重要的一个环节。此外，监控还有加强执行控制的作用。

二、人力资源战略规划的执行

（一）人力资源战略规划的执行者

传统意义上的人力资源工作主要由人事部门从事，例如招聘、培训、员工发展、薪金福利设计等方面的工作。随着现代企业对人力资源部门工作要求和期待的提升，人力资源部门角色逐渐发生了转变，人力资源部门不再是单纯的行政管理的职能部门，而是逐步向企业管理的战略合作伙伴关系转变。同时，现代的人力资源管理工作也不仅仅是人力资源部门的责任，也是各层管理者的责任，人力资源战略规划也是如此。企业人力资源战略规划的基础是接替晋升计划、人员补充计划、素质提升计划、退休解聘计划等，而这些计划都是在各部门的负责人制订本部门的人员调配补充、素质提升、退休解聘等计划的基础上层层汇总到人力资源部门，再由人力资源管理者依据人力资源战略分析、制订出来的，而非人力资源管理者凭空创造出来的。

人力资源战略规划应有健全的专职部门来推动，可考虑下列几种方式：①由人力资源部门负责办理，其他部门与其配合。②由某个具有部分人事职能的部门与人力资源部门协同负责。③由各部门选出代表组成跨职能团队负责。

在推行过程中各部门必须通力合作而不是仅靠负责规划的部门推动，人力资源战略规划同样也是各级管理者的责任。

（二）人力资源战略规划的执行分析

人力资源战略规划的执行主要涉及三个层次：企业层次、跨部门层次及部门层次。

1. 企业层次

在企业层次上的人力资源战略规划需要"一把手"的亲自参与，尤其是企业经营战略对人力资源战略规划的影响，人力资源战略规划对人力资源管理各个体系的影响及其指导方针、政策，必须由企业高层决策。

2. 跨部门层次

跨部门层次上的人力资源战略规划需要企业副总裁级别的管理者执行，即对各个部门人力资源战略规划的执行情况进行协调和监督，并对人力资源战略规划的实施效果进行评估。

3. 部门

部门层次上的人力资源战略规划又分为以下两种情况：

（1）人力资源部门

人力资源部门不但要完成本部门的人力资源战略规划工作，还要担任"工程师+销售员"的角色。人力资源部门的员工既要做人力资源战略规划的专家、人力资源战略规划的制订者，又要做人力资源战略规划的"销售员"与指导者，指导其他部门的人力资源战略规划工作顺利进行。

目前，有的企业将人力资源部门经理改为人力资源客户经理，要求人力资源经理持续提供面向客户的人力资源产品和服务。在进行人力资源战略规划时，人力资源客户经理就会为各个部门提供人力资源战略规划的系统解决方案，并为各类人才尤其是核心人才提供个性化的服务，如制订专门的继任者管理计划等。

（2）其他部门

人力资源战略规划工作应该是每个部门经理工作的组成部分。但在企业中，许多部门经理是由业务人员提拔的，对于管理和人力资源管理都没有经验，更不要说进行人力资源战略规划了。对于新提拔的经理，人力资源部应给予培训，并把人力资源战略规划作为经理业绩考核的重要内容之一，特别是其培养下属和评估下属业绩的能力。部门经理应该主动与人力资源部门沟通，共同实现人力资源战略规划的目标，而不仅仅在需要招人或辞退员工时，才想到人力资源部门。

（三）人力资源战略规划的执行原则

1. 战略导向原则

依据战略目标制订人力资源战略规划以及具体的人力资源计划，避免人力资源战略规划与企业战略脱节。

2．螺旋式上升原则

人力资源战略规划并非一劳永逸。企业每年都要制订新的人力资源战略规划，即各类人员计划都会随着内外环境的变化、战略的转变而改变，但同时它们又是在过去的基础上制订的，且将一年比一年准确、有效。

3．制度化原则

人力资源战略规划分为两个层面：一是技术层面，即前面所说的各种定性和定量的人力资源战略规划技术。二是制度层面，一方面是指将人力资源战略规划制度化；另一方面是指制定、调整有关人力资源管理制度的方向、原则，从机制的角度理顺人力资源各个系统的关系，从而保证人力资源管理的顺利进行。

4．人才梯队的原则

在人力资源战略规划实施的过程中建立人才梯队，从而保障工作人员的层层供给。

5．关键人才优先规划原则

对企业中的核心人员或骨干人员应首先进行规划，即设计此类人员的晋升、加薪、替补等通道，以保证此类人员的充足供给。

人力资源战略规划是建立在整个人力资源管理系统的平台之上的，如果人力资源管理的其他系统已经日益完善，而人力资源战略规划系统继续滞后于其他人力资源管理体系，人力资源战略规划将成为企业管理的"短板"。因此，人力资源战略规划必须从技术层面上升到制度层面，从静态管理转到动态管理，从滞后于其他体系到前瞻于其他体系，只有这样，人力资源战略规划才能真正成为整个人力资源管理的统帅。

三、人力资源战略规划的辅助工具——人力资源管理信息系统

优秀的信息管理系统不但有利于企业更好地制订和执行人力资源规划，还有利于整个人力资源管理系统的顺利实施。

（一）人力资源管理信息系统概述

信息技术本身只是工具，是手段，只有当信息技术与管理技术实现了完美的

结合，才能发挥其巨大的威力。企业最初所采用的多为信息处理工具，如人力资源信息系统 HRIS（Human Resource Information System），它是从组织目标出发，对与职务和员工有关的工作信息进行收集、保存、分析和报告的整体工作过程。例如，记录员工代码、员工的知识与技能、工作经验、培训经历、个性特征和绩效评估结果等。但是，当各种各样的信息铺天盖地地向管理者涌来的时候，再优秀的管理者也不免手忙脚乱、一筹莫展。人力资源管理系统 HRMS 应运而生。HRMS 就是将人力资源管理的新思想，如"客户导向""全面人力资源管理""战略性人力资源管理""利润中心""战略伙伴"等，融入信息技术之中，使信息技术真正成为管理者的助手。

人力资源管理系统将帮助人力资源部门实现数据的集中管理和共享，优化业务流程及人力资源作业流程，为人力资源部门进一步提高日常工作效率，提升部门整体业务水平提供了强有力的支持，成为人力资源部门信息化、职业化、个性化的管理平台。同时，通过有效利用人力资源管理系统中提供的统计分析、决策支持等工具，将逐步对企业中长期的人力资源战略规划起到积极影响。

随着 internet/intranet 技术的日益成熟，人力资源管理系统随着信息流的延伸或改变而突破了封闭的模式延伸到企业内外的各个角落，使得企业各级管理者及普通员工也能参与到人力资源管理活动中，并与企业外部建立起各种联系（最典型的莫过于网络招聘），这就是 EHR，即人力资源管理信息化的全面解决方案。基本上是由人力资源部门的人力资源管理系统 HRMS 和面向企业不同角色（高层管理者、直线员工、普通员工、人力资源管理者）的网络自助服务系统（self-service）两大部分组成，是对 HRMS 在技术上（基于 internet/intranet 技术）与理念上（建立在全面人力资源管理，强调全员共同参与）的延伸。

目前，中国各个企业虽然已经配备了计算机，但不少企业仍然停留在手工管理档案的阶段，很多纸质的资料未能及时输入电脑，人事档案资料也未能得到充分利用，此时对于企业而言是选择 HRIS 还是 HRMS，或者选择 EHR，要根据企业自身的需求与承受能力而定，不能盲目地认为越先进的技术越好，而不顾企业的实际情况。

（二）人力资源管理信息系统对人力资源战略规划的作用

人力资源管理信息系统可以从以下两个方面为人力资源战略规划提供支持。

1．提高人力资源部门的工作效率

人力资源战略规划中的工作可以分为两类：一类是定性工作，指管理制度的制定、薪酬水平的确定、绩效考核标准的确定、人力资源分析报告等，这些工作必须依据企业战略和企业文化进行，需要经过主观思考和判断才能完成；另一类是定量工作，是根据既定的制度与流程完成对客观事务的处理，如统计员工人数、年龄、学历等工作，这类工作一般是事务性工作，但又是需要经常处理的重复性工作，通常占据了人力资源管理工作的大部分时间，降低了人力资源部门的整体工作效率。

2．为人力资源战略规划提供数据和信息

通常，人力资源管理信息系统可以提供如下信息：①企业战略、经营目标及常规经营计划信息，根据这些内容可以确定人力资源战略规划的种类及框架。②企业外部的人力资源供求信息以及这些信息的影响因素。例如，外部劳动力市场上各类人员的供求状况及未来趋势，国家劳动政策法规的变化等，均对人力资源战略规划产生影响。③企业现有人力资源的信息。例如，员工数量、年龄、学历、绩效考核结果、薪酬水平等。人力资源战略规划依靠的是人力资源信息的及时更新与反馈，缺少了信息和数据的支持，人力资源战略规划将成为无源之水、无本之木。

（三）人力资源管理信息系统成功实施的要素

1．确实摆正企业和信息集成商之间的关系

企业在信息化建设过程中，摆正与信息集成商之间的关系非常关键，企业的信息化建设不可能由信息集成商独立完成，企业信息化的"主角"是企业本身，而信息集成商仅仅是"配角"的身份，信息集成商应该放在咨询、顾问和具体实施的地位。摆正了关系，才能更好地进行合作，将双方的优势集中，实现"专业人做专业事"。

2．确实摆正技术先进和技术实用性问题

技术的领先性和技术的实用性一直困扰企业的信息化建设时的选型，单纯追求技术的先进性和实用性都是不足取的。企业应该结合企业自身的实际，在追求先进性的同时强调实用性，并且一定要站在整个企业信息集成的角度来选择软件，并且要切实注重系统的集成和开放。

3. 确实摆正技术、软件、实施、培训和服务的关系

企业信息化建设是一个系统工程，企业要树立技术先导、软件跟上，实施、培训和服务并重的整体规划；同时，企业要懂得，信息化建设过程中的服务是要企业进行投入的；另外，根据成功实施的案例来看，无一例外都是企业在注重选型的同时，更加注重最终的实施效果。

4. 确实领会"一把手工程"

不仅仅是企业的最高领导亲自参与主持，还应该包括整个决策层的参与决策，是一个企业的高层领导组成的领导班子，是广义上的"一把手"。

5. 能与企业其他管理系统良好整合，实现数据共享

人力资源管理信息系统如果孤立地运行，不能取得最大的效益，必须将人力资源管理信息系统与企业的项目管理、财务管理系统加以整合，才能实现独立的信息系统不能实现的功能。

6. 确实领会信息系统的"三分技术、七分管理、十二分数据"

在建立人力资源管理系统的过程中，企业必须明白数据的重要性，没有准确的数据收集与输入，再先进的技术也无能为力。

7. 整个实施过程要分阶段进行，确实领会"整体规划、分步实施、效益驱动"

整体规划是系统的"整体"，是系统的"整体规划"，是实现整个系统的"技术途径"，总体规划一般不承担具体的项目设计，是整个系统研制工作中不可缺少的技术总纲。在具体实施过程中，要从简单技术入手，迅速向广度和深度发展。在应用的基础上启发更广泛、更深入的需求，同时通过效益驱动可以树立企业建设信息化的信心，减少企业一次投入过多，负担过重而带来不必要的风险，分步实施同时可以紧跟信息技术发展的前沿。

四、人力资源战略规划的系统推进

人力资源战略规划必须与人力资源管理的其他体系，如招聘、绩效管理、薪

酬、培训等相互配合、实现互动，并且人力资源战略规划的结果通过这些体系得到具体的落实，才能真正体现出人力资源战略规划的战略性价值。人力资源战略规划与人力资源管理其他体系的关联性如下。

（一）与招聘录用的关联性

人力资源战略规划的实施必然涉及员工的招聘录用问题。在目前的企业运作中，通常是在用人部门感到人手不够时才向上汇报，最终汇总到人力资源部门实施招募。各部门之间互不了解、沟通不畅造成人员重复的现象时有发生，急需用人时降低用人标准的情况也屡见不鲜。人力资源部对于各部门的招募需求的被动性，招募活动对于企业用人需要的滞后性，导致企业在员工队伍的建设与培养上的短期性与应急性。企业无法借势于劳动力市场的波动，可持续发展也难以保证。因此，企业的人员招聘录用工作必须在人力资源战略规划的指导下，制订有目标导向性与预见性的人员补充计划——根据战略的要求及劳动力市场的涨落适时吸纳、储备人才，降低用人成本及招募成本，形成合理的人才梯队。

（二）与绩效评估的关联性

传统的绩效评估方案提出希望员工达到的绩效目标，然后评估员工是否按照目标与计划行事。完善的绩效评估则应该提供企业和员工平衡发展的信息：一方面评价员工是否完成了设定的绩效任务，是否帮助企业实现了绩效目标；另一方面评估员工在履行工作任务过程中自身能力是否得到提高，能力是否存在缺陷以及如何弥补等。因此，绩效评估的结果需要应用在人力资源战略规划上，通过对员工绩效水平的评估显现他们的能力及发展潜力，让员工明确职业发展的前景及方向，提高组织配置人员的适应性及规划的准确性。

（三）与薪酬管理的关联性

人力资源战略规划的一个内容在于计划企业的人工成本支出总量即薪酬总额。此外，企业支付薪酬的原则及策略必须体现战略的要求，激励员工创造高业绩、提高自身能力的结果和行为，同时在整体上保证有更多报酬与机会向核心人员倾斜。总之，薪酬的给付必须既要考虑劳动力市场的竞争状况、企业的支付实力，又要体现企业战略的要求，实现与企业其他人力资源模块的联动。这些都是通过人力资源战略规划中的工资与奖金计划来实现的。

（四）与培训的关联性

人力资源战略规划涉及对员工的能力需求与现状的差距分析，除了通过招聘新员工之外，对现有员工进行培训，使其提升现有能力水平及获得新的技能，是弥补这种差距的唯一途径。人力资源战略规划为人员的培训开发提供了目标与方向，使组织的需要与员工个人的需要能够有效结合，提高培训开发的针对性与有效性。

因此，人力资源战略规划是人力资源管理系统的统帅，它作为核心指挥其他人力资源管理体系的运行，并实现整个人力资源系统的协调运转，提高人力资源的质量与使用效率，帮助企业实现战略目标。

第三节　人力资源战略规划的方法

一、人力资源需求预测

人力资源需求预测是根据企业发展的要求，对将来某个时期内企业所需员工的数量和质量进行预测，进而确定人员补充的计划方案和实施教育培训方案。

人力资源需求预测是公司编制人力资源战略规划的核心和前提条件。预测的基础是公司发展规划和公司年度预算。对人力资源需求预测要持动态的观点，考虑到预测期内劳动生产率的提高、工作方法的改进及机械化、自动化水平的提高等变化因素。

人力资源需求预测的方法包括定性预测法和定量预测法两大类。

（一）定性预测法

1. 现状规划法

人力资源现状规划法是一种最简单的预测方法，它是假设企业保持原有的生产规模和生产技术，企业的人力资源也应处于相对稳定状态，即企业目前各种人员的配备比例和人员的总数将完全能适应预测规划期内人力资源的需求。在此预测方法中，人力资源规划人员所要做的工作就是预算出在规划期内有哪些人员或岗位上的人将得到晋升、降职、退休或调出本组织的情况，再准备调节人员去弥补就行了。这种方法适用于短期人力资源规划预测。

2. 经验预测法

经验预测法，又称分合性预测法，就是企业根据以往的经验对人力资源进行预测的方法。企业经常用这种方法来预测本组织在将来某段时间内对人力资源的需求。这是一种比较常用的预测方法，由于企业中最了解各部门人力资源需求的就是各部门的主管们，经验预测法就是根据管理人员的经验，结合公司发展的要求，对公司员工需求加以预测的一种先分后合的预测方法。即首先由直线部门的经理根据各部门的生产任务、技术设备等变化情况对本部门未来某一时期的人员需求情况进行预测，在此基础上，由企业专门的人力资源计划人员汇总，进行综合平衡，从中预测出整个企业未来某一时期对各种人员的需求总量，并交由公司经理审批。这种方法较能发挥下属各级管理人员在人力资源规划中的作用，但是人事部门或专职人力资源计划人员必须给予他们一定的指导。这种方法较适用于中、短期的预测规划，简单易行，在实际工作中使用较为广泛，但此方法预测的效果受经验和各层管理人员的阅历、知识的限制的影响较大。因此，保持企业历史的档案，并采用多人集合的经验，可以减少误差。这种方法适用于技术较稳定的企业的中、短期人力资源预测规划，很难对长期需求做出准确预测。

3. 德尔菲法

德尔菲法是一种简单、常用的主观判断预测方法，它起源于 19 世纪 40 年代的兰德公司的实践。此方法是由有经验的专家或管理人员对某些问题分析或管理决策进行直觉判断与预测，其精度取决于预测者的经验和判断能力，也称"专家征询法"或"集体预测法"，所选专家包括企业外部和内部对所研究问题具有发言权的所有人员。

德尔菲法的特征有以下几个方面：①吸引专家参与预测，充分利用专家的经验和学识。②采用匿名或背靠背的方式，使每一位专家独立、自由地做出自己的判断。③预测过程多次反复，使专家的意见逐渐趋同。

德尔菲法的以上特点使它成为一种最为有效的判断预测法。德尔菲法的操作程序可简要地概括为以下四步：首先，做预测准备工作。预测准备工作包括确定预测的主题，设立负责预测组织工作的临时机构，选择若干名熟悉预测主题的专家等。其次，由专家进行预测。组织者把包含预测内容的预测表及有关背景材料交给各位专家，各位专家以匿名方式独自对问题做出判断或预测。再次，进行统计与反馈。专家意见汇总后，组织者对各位专家的意见进行统计分析，综合成新的预测表，并把它再分别交给各位专家，由专家们对新的预测表做出第二轮判断或预测。如此反复，经过几轮，专家的意见趋于一致。最后，达成预测结果。组织者把经过几轮专家预测而形成的结果以文字或图表的形式表示出来。

德尔菲法的优点是可以集思广益，并且可以避免群体压力和某些人的特殊影响力，对影响人力资源需求各个方面的因素可以有比较全面、综合的考虑；缺点是花费时间较长、费用较大。所以，这种方法适用于长期的、趋势性的预测，不适用于短期的、日常的和比较精确的人力资源需求预测。

（二）定量预测法

1. 趋势分析法

趋势分析法是指根据人力资源历史和现有的资料随时间变化的趋势具有连续性的原理，运用数学工具对该序列加以引申，即从过去延伸至将来，从而达到对人力资源的未来发展状况进行预测的目的。该方法具体是将企业人力资源需求量作为横轴，时间为纵轴，在坐标轴上直接绘出人力资源需求曲线，并根据需求曲线来预测企业未来某一时点的人力资源需求。趋势分析法可分为直接延伸法、滑动平均法两种。其中，直线延伸法是在企业人力资源需求量在时间上表现出明显均等延伸趋势的情况下运用，可由需求线延伸得出某一点的企业人力资源需求量；滑动平均法是在企业人力资源需求量的时间序列呈不规则、发展趋势不明确时，采用滑动平均数进行修匀的一种趋势分析法。

2. 比率分析法

比率分析法是通过特殊的关键因素和所需人员数量之间的一个比率来确定未

来人力资源需求的方法。该方法主要是根据过去的经验，将企业未来的业务活动水平转化为对人力资源的需要。

根据选择的关键因素不同，可以把比率分析法分为生产率比率分析法和人员结构比率分析法两类。生产率比率分析法的关键因素是企业的业务量，如销售额、产品数量等，根据业务量与所需人员的比率关系，可直接计算出需要的人员数量。人员结构比率分析法的关键因素是关键岗位所需要的人数，根据关键岗位与其他岗位人数的比率关系，可以间接计算出所需要的人员数量。

由于比率分析法假设关键因素与需求人员间的比率保持不变，而这只能在较短的一段时间内实现，所以这种预测方法最适用于短期预测，勉强可运用于中期预测，用于长期预测则会失效。

3. 工作负荷法

工作负荷法是根据历史数据，先算出对某一特定的工作每单位时间（如每天）内每人的工作负荷（如产量），再根据未来的生产量目标（或劳务目标）计算出所完成的总工作量，最后根据前一标准折算出所需的人力资源数量。

4. 回归分析法

回归分析法是通过建立人力资源需求与其影响因素之间的函数关系模型，从影响因素的变化来推测人力资源需求量变化的一种数学分析方法，其通常采用线性回归模型来分析，简单来讲，这种线性模型有一元线性回归和多元线性回归两种。

一元线性回归模型一般只有在某一因素与人力资源需求量具有高度相关关系时才会运用。例如，当假设人力资源需求量随一种因素（如产量）的变化而变化，且两者间是线性关系时，则可采用最简单的一元线性回归法来预测人力资源的需求。

在实际工作中，通常是由多种因素共同决定企业人力资源需求量，因此需要使用多元线性回归模型，其原理以及方法上与一元线性回归模型并没有什么不同，只是多了一些解释变量而已。多元线性回归模型中系数的计算公式相当复杂，但是现在的一些计量经济学软件和统计软件都可以自动计算这些系数估计值。同样，根据未来的解释变量的估计值，就可以预测未来的员工数量了。

5. 计算机模拟法

很多企业已经在实践中利用计算机来开发自己的人员需求预测系统。在这种情形下，人力资源专家和直线管理人员将所需要的信息综合起来，建立起一套人员需求的计算机化预测系统。在建立人员需求的计算机预测系统时需要一些典型数据，其中包括衡量生产单位产品所需要的劳动工时，当前产品系列的三种销售额计划——最低销售额、最高销售额、可能销售额。以这些数据为基础，不仅可以预测出"满足生产需要的平均人员需求水平"的数字，而且可以分别预测对直接生产人员（如流水线上的生产工人）、间接生产人员（如文秘人员）以及特殊人员（如行政管理人员）的需求数字。运用这一系统，可以很快地将生产率水平计划与销售水平计划转化为对人员需求的预测，同时，也可以预测各种生产率水平及销售水平对人员需求的影响。

须注意的是，运用任何数学的方法进行人力资源需求预测都有一个前提假设，即假定人力资源需求与某些影响因素之间的函数关系是稳定不变的，而在实际工作中，通常较难发现稳定的数学模型。因此，必须注意的是，在采用定量分析方法进行人力资源需求预测时，一定要与定性方法相结合。例如，进行人力资源需求预测的学校在某年度采用了网上远程教学方式，或是招收了一个"实验班"，则以师生比率为基础来预测教师的需求量就不准确了。在很多情况下，对人力资源需求的预测是依靠经验进行估计的，即使运用非常严谨的数学模型也需要借助经验的判断对结果进行修正。

二、人力资源供给预测

人力资源供给预测也称为人员拥有量预测，是预测在未来某一时期组织内部所能供应的或经培训可能补充的，外部劳动力市场所提供的一定数量、质量和结构的人员，以满足企业为实现发展目标而产生的人员需求。

人力资源需求分析是研究组织内部对人力资源的需求，而供给分析则需要研究组织内部供给和组织外部供给两个方面。一般来说，在供给分析中，首先考察组织现有的人力资源供给，若内在市场没有足够的供给，就需分析外在的劳动力市场。

（一）人力资源内部供给预测方法

企业常用的人力资源内部供给预测的方法有三种，即技能清单法、管理人员替代法和马尔科夫转换矩阵法。

1. 技能清单法

技能清单是一张雇员表，该表列出了与雇员从事不同职业的能力相关的特征，包括所接受的培训课程、以前的经验、持有的证书、通过的考试、监督判断能力，甚至包括对其实力或耐心的测试情况。它是一张能够反映员工工作能力和竞争力的图表。人力资源规划人员可以根据技能清单的内容来预测哪些员工可以补充到可能出现的空缺岗位，从而保证每个岗位都有合适的员工。

技能清单通常包括三个方面的内容：员工过去的信息、员工现在的信息和员工未来的信息。不同的技能清单所包含的内容可能有较大差异，它既可能是一份简单的档案，也可能是一个庞大的数据库。由于员工的工作兴趣、发展目标、绩效水平等因素是不断变化的，因此技能清单在编制完成后应及时进行更新和维护。

2. 管理人员替代法

这是对组织管理人员内部供给的最简单的方法，也称为管理人员接续计划。企业内部的很多管理人员都是从内部员工中提拔的，因此，企业需要确定在各个关键的管理职位上有哪些可能的接班人，这些接班人的胜任状况和发展潜力如何。为清楚起见，可以将上述接续计划在组织结构图上表示出来，即为常用的管理量表图——企业常用的人员接替图和人员接替表。

制订这一计划的过程有如下几个步骤：①确定计划范围，即确定需要制订接续计划的管理职位。②确定每个管理职位上的接替人选，所有可能的接替人选都应该考虑到。③评价接替人选，主要是判断其目前的工作情况是否达到提升要求，可以根据评价的结果将接替人选分成不同的等级，例如分成可以马上接任、尚须进一步培训、问题较多三个级别。④确定职业发展需要以及将个人的职业目标与组织发展目标相结合，这就是说，要根据评价的结果对接替人选进行必要的培训，使之能更快地胜任将来可能从事的工作，但这种安排应尽可能与接续人选的个人目标吻合并取得其同意。

3. 马尔科夫转换矩阵法

马尔科夫转换矩阵法是一种运用统计学原理预测组织内部人力资源供给的方法。马尔科夫转换矩阵法的基本思想是找出过去人员流动的规律，以此推测未来的人员流动趋势，其基本假设是过去内部人员流动的模式和概率与未来大致相同。

马尔科夫转换矩阵法不仅可以处理员工类别简单的组织中的人力资源供给预测问题，也可以解决员工类别复杂的大型组织中的内部人力资源供给预测问题，但其精确性与可行性还需要进一步研究。

（二）人力资源外部供给预测方法

招聘和录用新员工对所有公司都是必不可少的，无论是由于生产规模的扩大，还是由于劳动力的自然裁员，公司都要从劳动力市场获得必要的劳动力。因此，对外部劳动力市场进行预测将直接影响企业人力资源战略的制定。外部劳动力供给预测方法一般有市场调查法和相关因素预测法。

1. 市场调查法

市场调查法是企业人力资源管理人员通过市场调查，并在掌握第一手劳动力市场信息资料的基础上，经过分析和推算，预测劳动力市场的发展规律和未来趋势的一类方法。它不仅要调查企业所在地域的人力资源供给状况，还要调查同行业或同地区企业对人力资源的需求情况。

由于市场调查法的数据来源具有一定的客观性，在一定程度上避免了人为的主观判断，所以，有人称市场调查法是客观市场预测法。市场调查法的种类很多，主要有以下几种：

第一，文献研究法。企业可以通过各种渠道收集信息。例如，通过互联网、各类经济信息报刊、国家和地区的统计资料、市场行情资料以及产品目录大会等，可以了解市场的一般状况。

第二，直接调查法。企业根据自己所关注的人力资源状况对调查对象进行询问或要求对方填写询问表以取得答案。例如，通过对应聘人员和在岗人员进行调查分析，得出对未来人力资源供给状况的估计。

第三，通过企业本身积累的资料进行调查。许多企业积累了本企业内部人力资本供给和外部人力资源供给方面的大量统计资料，而且资料数据比较准确，查阅比较方便。

第四，经验法。企业依靠有经验的市场调查或市场研究人员，对市场进行直接观察，从而判断市场状况。

第五，会议调查法。通过各种各样的会议收集市场信息，也是一种行之有效的市场调查方法。

2. 相关因素预测法

相关因素预测法是通过调查和分析，找出影响劳动力市场供给的各种因素，分析各种因素对劳动力市场发展变化的作用方向和影响力度，从而预测未来劳动力市场的发展规律和趋势。影响外部劳动力供给的因素很多，通常要对主要因素进行分析，这些因素包括行业状况、行业整体劳动生产率等。其计算方法与人力资源需求预测中的回归方法相同。

三、人力资源供求关系的平衡

人力资源规划的目的就是使人力资源供求达到平衡，当它们不平衡时，就需要制定相应的政策和措施，以实现组织未来人力资源供求平衡。在对人力资源供给与需求进行预测后，通常会出现三种供求不平衡的结果：人力资源供给大于需求；人力资源供给小于需求；人力资源供求总量平衡，结构不平衡。一般而言，组织的人力资源总是处于失衡状态，供求完全平衡状态在实践中很难出现。组织须根据供求预测得到的不同的结果，采取相应的人力资源规划措施。

（一）人力资源供给大于需求

人力资源供给大于需求，员工过剩，结果是导致组织内部人浮于事、内耗严重、生产或工作效率低。人力资源供给大于需求时，一般应该采取如下措施来解决。

第一，开拓新业务。通过开拓新的业务增长点来吸收过剩的人力资源，例如扩大经营规模、开发新产品等。

第二，再培训。通过培训引导富余人员走向新的工作岗位。

第三，减少工作时间。减少工作时间可降低工资水平，这是解决企业临时性人力资源过剩的一种方式。

第四，裁员。裁员是组织解决人力资源过剩的最直接的办法。裁员可以有效地降低组织的人工成本，但也可能带来一些负面的影响，人力资源管理部门应做好各方面的思想工作。裁员是先裁减主观上已有"离心"意愿、绩效低下的员工，向"背包袱走路者"提供优厚的离职金能够减少裁员对在职员工的负面冲击，也能降低对企业形象的损害。

第五，提前退休。制定一些优惠措施鼓励员工提前退休。在合法的前提下，通过放宽退休资格条件（年龄等）促使更多的员工提前退出工作场所，在退休条件吸引力较强时可取得明显的减员效果，但对于企业的后续经营则增加了成本。

第六，合并或关闭一些臃肿的机构，减少人力资源供给，并提高人力资源的利用效率。

（二）人力资源供给小于需求

人力资源供给小于需求，员工短缺，结果是企业设备闲置，固定资产利用率低，是一种浪费。人力资源供给小于需求时，一般可以采用如下政策和措施解决。

第一，内部调整。把内部相对富余的人员安排到人员短缺的岗位上去。企业的职位空缺应先考虑内部员工，既能降低成本，又为员工提供了发展空间。技能变化不大的职位调整不会带来生产率的损失，提升到比较复杂职位的员工必须有培训机会。

第二，技术创新。进行技术创新，增添新设备，以提高劳动生产率，降低对人力资源的需求。

第三，加班。在符合有关法律、行政法规规定的条件下，增加员工的工作时间和工作量，并给予相应的补偿，以应对员工的短期不足。加班的灵活性使企业在工作量临时增加时可以从容应对，但是加班不应该是变相地延长工作时间，也不应该以降低员工的工作质量为代价来推行。

第四，外部招聘。根据组织的具体情况，面向社会招聘所需人员，可以录用一些正式员工、兼职员工和临时员工。作为最常用的调整方法，外部招聘可使企业较快地得到熟练员工以满足一线生产需要，但从外部招聘的管理人员需要一段时间熟悉企业内部情况，见效较慢。

第五，员工培训。对组织的现有员工进行技能培训，提高劳动效率，使其不仅能适应当前的工作，还能适应更高层次的工作，并为职务的升迁做好准备。对员工进行必要的技能培训应该是企业常抓不懈的事情，可使企业近期与远期的各层次的工作都能有符合一定质量要求的人力资源供给。

第六，外包。组织根据自身情况，将较大范围的工作整个承包给外部的组织去完成。通过外包，组织可以将任务交给那些更有比较优势的外部代理人去做，从而提高效率，减少成本，减少组织内部对人力资源的需求。

（三）人力资源供求总量平衡，结构不平衡

人力资源供求结构上的不平衡，是指组织中某些部门或岗位人员过剩，而另一些部门或岗位人员短缺。对于这种供求失衡，可采取如下措施来协调：①通过组织内部人员的合理流动来满足空缺岗位对人力资源的需求。②对过剩员工进行有针对性的培训，提高他们的工作技能，将他们补充到空缺岗位上。③通过组织内外部人力资源的流动，平衡人员的需求，即从组织外部招聘合适的人员并补充到相应的岗位，同时减少另一些岗位上过剩的人力资源。

（四）人力资源规划供求平衡措施的比较

人力资源规划采取的不同的平衡措施，其实施效果差别很大，而且对企业和员工通常具有不同的含义。例如，在解决供给过剩问题方面，裁员要比自然减员速度快得多，因而对企业更有利；但对员工来说，裁员所带来的经济和心理方面的损害要比自然减员严重得多，因而可能会遭到员工的强烈反对。

在制定平衡人力资源供求的政策过程中，不可能是单一的供大于求、供小于求，最可能出现的是某些部门人力资源供过于求，而另几个部门供不应求。例如，高层次人员供不应求，而低层次人员的供给却远远超过需求量。所以，应具体情况具体分析，制订出相应的人力资源部门规划或业务规划，使人力资源在数量、质量、结构和层次等方面达到协调平衡。

总之，组织人力资源的供求平衡不仅是保持员工需求和供给的总量上的平衡，更重要的是实现员工在质量、层次和类别等供需结构上的平衡。

第三章 现代人力资源管理中的员工招聘与培训

第一节 员工招聘

一、员工招聘概述

（一）招聘的含义

1. 招聘的概念

招聘是指企业为了发展的需要，根据人力资源规划和工作分析的要求，寻找、吸引那些有能力又有兴趣到该企业任职的人员，并从中选出适宜人员予以录用的过程。招聘，一般由主体、载体及对象构成。主体就是用人者，也就是招聘单位，一般派出招聘专员具体负责招聘工作的组织和实施。载体是信息的传播体，也就是招聘信息传播的各类媒介。对象则是符合标准的应聘者。

2. 招聘的目标

系统化的招聘管理可保证公司招聘工作的质量，为公司选拔合格、优秀的人才。如何提高招聘的有效性，是每一个企业都需要关注的问题，企业应根据不同岗位需求，灵活运用招聘方法，在保证招聘质量的情况下尽可能降低投入成本，通过与用人部门的积极配合、分工协作，提高招聘工作成效，减少招聘过程中的盲目性和随意性。

实现员工个人与岗位的匹配是招聘的最终目的。这种匹配包括两个方面：一是岗位的要求与员工个人素质相匹配；二是工作报酬与员工个人的需要相匹配。要通过招聘把合适的人放在合适的岗位，量才适用，确保员工在工作岗位上能充分发挥主观能动性，从而提高企业核心竞争力。

（二）招聘的意义

1. 招聘是企业获取人力资源的关键环节

企业从创建到发展，人力资源的状况都处于不断变化之中。随着企业发展阶段的不同，面临竞争环境的改变及竞争战略的调整，企业对人力资源的需求也会发生变化。

企业需要在不同时期获取不同的人力资源。对于新成立的企业，人员的招聘和选拔是企业成败的关键。只有招聘到符合企业发展目标，能够促进企业发展的员工，企业才能够具备利用物质资源的能力，从而进入正常的运营。对于已处于运作阶段的企业，由于需要应对外部环境的不断变化，招聘工作仍是一项关键性工作。企业在运行过程中，仍需要持续地获得符合企业需要的人才，从而保证自己在激烈的竞争中立于不败之地。因此，员工招聘是企业的一项经常性的工作，是获取人力资源的关键环节。

2. 招聘是企业人力资源管理工作的基础

人是一切管理工作的基础。招聘之所以是企业人力资源管理工作的基础，是由招聘工作的内容和劳动者在企业中的地位决定的。在整个人力资源管理体系中，招聘工作是一个基础环节，其他工作都是在招聘的基础上开展的。招聘工作做得好，就会形成一个比较优化的人力资源管理基础平台，使得后续工作得以高效开展。具体表现在以下几个方面：

（1）有效的招聘可以提高员工的满意度，降低员工流失率

有效的招聘意味着员工与他的工作岗位及工作薪酬相适应，员工在企业从事的工作能给他带来工作满意度和组织责任感，进而会减少员工旷工、士气低落和人员流动现象。

（2）有效的招聘可以减少员工的培训负担

新招聘员工的基本情况，如素质的高低、技能和知识的掌握程度、专业是否对口等，对后期员工的培训及使用都有很大影响。素质较好、知识技能较高、专业对口的员工接受培训的效果较好，经培训后成为合格员工，创造高绩效的概率

也较高。

（3）有效的招聘可以增强团队工作士气

组织中大多数工作不是由员工单独完成，而是由多个员工共同组成的团队完成。这就要求组织在配备团队成员上，应了解和掌握员工在认知和个性上的差异状况，按照工作要求合理搭配，使其能够和谐相处，创造最大化的团队工作绩效。所以，有效的招聘管理会增加团队的工作士气，使团队内部员工能彼此配合默契，愉快和高效率地工作。

3. 招聘是企业宣传的有效途径

对于企业而言，在招收到所需的各种人才的同时，招聘也是企业向外界展现良好形象的重要途径。在招聘过程中，企业利用各种渠道和形式发布招聘信息，除了吸引更多的求职者，还能让外界更好地了解企业。有些企业以高薪、优厚的待遇和精心设计的招聘过程来表明企业对人才的渴求和重视，显示企业的实力。

4. 招聘是企业履行社会责任的必经过程

提供就业岗位是企业必须承担的社会责任，招聘是企业履行这一社会责任的必经过程。在招聘中坚持公开、公平、公正的原则既是对企业负责，也是对社会负责。公开招聘信息，公正科学地选拔人才，保障求职者公平就业的权利，既是企业应尽的社会责任，也是国家相关法律法规的明确要求。

（三）影响招聘的因素

招聘工作受到多方面因素的影响，主要有以下几种。

1. 外部因素

（1）国家的法律法规

国家的法律和法规，特别是劳动法对招聘工作有很大影响。劳动法既涉及组织和员工的利益，又关系到社会的稳定。劳动法规定，劳动者享有平等就业和选择职业的权利。

（2）外部劳动力市场

在劳动力市场上，劳动者的供需情况会对企业招聘产生一定的影响。一方面，不同类型人员的供求状况存在很大差异。一般情况下，招聘岗位所需的技能要求越低，市场的供给就越充足，招聘工作相对容易。招聘岗位所需条件越高，劳动力市场的供给就越不足，招聘工作相对比较困难。另一方面，劳动力分布情况随着时间季节等因素的影响也在不断发生变化。例如，我国春节期间一般较容易发生用工荒的问题，此时企业招聘工作相对困难，而在各大高校毕业期间，招聘工作容易迎来高峰。这些都是受到劳动力市场因素不断变化影响的表现。

（3）外部经济发展水平

外部经济发展水平包括两个方面：一是招聘单位所在地区的经济发展水平。二是竞争对手的经济发展水平。由于我国经济发展不平衡造成了各地区人才分布的不平衡，经济发达地区各类人才蜂拥而至，为员工招聘提供了更多机会，而经济欠发达地区人才纷纷外流，增加了员工招聘的难度。竞争对手的经济实力及其他综合因素等都会对企业招聘工作产生一定影响，在招聘时，也要尽可能多地了解竞争对手的实力，这样才能提高企业的招聘效率。

2. 内部因素

（1）企业的发展战略

企业的发展战略决定了企业对人力资源的需求状况。当企业处于快速发展时期，企业谋求进一步发展的情况下，对人力资源的需求较大；当企业在市场中处于劣势地位，发展较为困难的情况下，对人力资源的需求相对较少。

（2）企业的政策安排

企业的政策安排决定着招聘政策和招聘活动。一些大型企业由于工作岗位较多，一旦出现岗位空缺，更倾向于内部招聘，以便为员工提供更多的工作轮换和晋升机会，为员工发展创造空间。相对而言，小型企业更倾向于从组织外部招聘有岗位工作经验的人员。此外，企业的薪酬政策、培训政策等都对招聘有重大影响。

（四）招聘的原则

1. 因事择人原则

所谓因事择人，就是员工的选聘应以实际工作需要和岗位空缺情况为出发点，以岗位对人员的实际要求为标准，根据岗位对任职者的资格要求选拔录用各类人才。遵循因事择人原则，一方面能够避免出现因人设岗现象带来的人浮于事、机构臃肿现象；另一方面可使员工与岗位相匹配，做到人尽其才，避免大材小用的人才浪费现象。

2. 经济效益原则

企业的员工招聘必须以确保企业的经济效益为目标。招聘计划的制订要以企业的需要为依据，以保证经济效益的提高为前提。因此，在招聘的时候不仅要考虑人员的素质，还要考虑报酬因素，综合分析对企业现在和将来经济效益的影响。坚持"可招可不招时尽量不招""可少招可多招时尽量少招"的原则，用尽可能低的招聘成本录用到合适的最佳人选。

3. 公开公平公正原则

企业招聘应贯彻公开公平公正原则，使整个招聘工作在社会监督之下开展。公开就是要公示招聘信息、招聘方法，这样既可以防止出现以权谋私、假公济私的现象，又能吸引大量应聘者。公平公正就是确保招聘制度给予合格应聘者平等的获选机会。遵循公开公平公正原则，可以有效防止不正之风，努力为有志之士、有才之子提供平等的竞争机会，还可以吸引大批的应聘者，扩大选择的范围，有利于人尽其才。

4. 竞争择优原则

竞争择优原则是指在员工招聘中引入竞争机制，在对应聘者的思想素质、道德品质、业务能力等方面进行全面考察的基础上，按照考察的成绩择优选拔录用员工。通过竞争上岗择优录用，好中选优，优中选强，把人品和能力经得起检验的人选拔到合适的工作岗位上来，体现公平性，是让优秀人才脱颖而出的有效途径。

5. 双向选择原则

招聘是一个双向选择的过程。企业要选择能够胜任岗位工作，为企业创造价值的员工，而个人则是在寻找一份报酬公平，能够体现其个人价值的工作。双向选择能够实现人力资源的最优配置。企业要根据自身发展和岗位的要求实事求是地开展宣传，劳动者则根据自身能力和意愿，结合劳动力市场供求状况自主选择职业。双向选择原则一方面能使企业不断提高效益，改善自身形象，增强自身吸引力；另一方面，还能使劳动者为了获得理想的职业，努力提高自身的知识水平和专业素质，在招聘竞争中取胜。

二、员工招聘流程

（一）招聘流程

员工招聘的流程包括招聘计划的制订、招聘信息发布、简历筛选、应聘者选拔、员工录用及招聘评估与总结等环节。

1. 招聘计划的制订

招聘计划是在人力资源计划基础上产生的。企业发现有些职位空缺需要有人来添补，就会提出员工招聘的要求。一份完整的招聘计划通常包括人员需求、招聘信息发布的时间和渠道、招聘小组人选、应聘者的考核方案、招聘费用预算及招聘的工作时间等。制订招聘计划是项复杂的工作，大型企业常聘请组织外部的人力资源问题专家制订和执行招聘计划，小型企业中通常由人力资源部人员负责此项工作。

2. 招聘信息发布

企业在做出招聘计划后，就可进行招聘信息发布工作。企业在发布招聘信息时，必须遵循一定的原则：第一，及时原则。招聘信息必须及时发布，这样可以使招聘信息尽早地向社会公布，有利于更多的人获取信息，使应聘人数增加。第二，面广原则。接收到信息的人越多，面越广，应聘的人也就越多，这样招聘到合适人选的概率也越大。第三，层次原则。招聘时要根据招聘岗位的特点，向特定层次的人员发布招聘信息。此外，招聘信息发布渠道的选择也十分重要。一般而言，广告招聘能够比其他的招聘方式吸引更多的应聘者。广告已经成为广大企业普遍采用的一种招聘方式。

3. 简历筛选

在众多的求职简历中筛选人才，是企业招聘的一项重要工作。规范的企业有详细的岗位说明书，按照岗位说明书精简出来的岗位描述和岗位要求是简历筛选的第一依据。简历与岗位说明书的匹配度越高，获得面试的机会也越大。在简历中需要满足的基本条件是教育程度、专业背景、相关工作经验、相关技能，简历的排版书写也是筛选的一项内容。只有在申请数量非常有限时，简历的筛选才会适度放宽条件。

4. 应聘者选拔

对应聘人员的选拔是招聘过程的重要步骤。选拔的方法主要有笔试、面试、情景模拟测试等，其中，面试是目前应用最为广泛、发展最为成熟的一种选拔方法。面试的过程要尽可能多地了解应聘者的各种信息，包括应聘者的工作经历、教育程度、家庭背景、现代社会适应特征、应聘者的动机与性格、情绪稳定性等。面试的目的主要是发现应聘者的态度、感情、思维方式、人格特征、行为特点并洞察其敬业精神。

5. 员工录用

经过简历筛选、面试等环节后，企业基本能够确定候选人。但在与候选人签订录用合同前，还必须对候选人进行背景调查及学历认证，主要是考察应聘者是否达到学历要求，过去的工作经历如何，是否有违法犯罪或者违纪等不良行为。一般来说，调查通常会由浅入深，主要采取电话（互联网）咨询、问卷调查和面对面访谈几种形式，必要的时候，企业还可向学校的学籍管理部门、历任雇佣公司的人事部门、档案管理部门进行公函式的调查，以得到最真实可靠的消息。如果背景调查及学历认证均无问题，那么就可以发出录用通知。

6. 招聘评估与总结

一般在一次招聘工作结束之后，都要对整个招聘工作做一个总结和评价，主要是对招聘结果、招聘的成本和效益及招聘方法进行评估，并将评估结果撰写成评估报告或工作总结，为下一次招聘提供借鉴。

（二）招聘渠道

企业进行员工招聘的渠道一般有两种，即内部招聘和外部招聘。

1. 内部招聘

内部招聘是指在企业内部通过晋升、竞聘或人员调配等方式，由企业内部的人员来弥补空缺职位。企业内部招聘和人才选拔机制的确立，有利于员工的职业生涯发展，留住核心人才，形成人力资源内部的优化配置。

内部招聘对企业而言，有很多优点。首先，内部招聘可以使企业得到大量自己非常熟悉的员工，不必再花费很大力气去认识和了解新员工；其次，这些应聘者对企业的状况及空缺职位的性质都比较了解，省去了很多适应岗位的麻烦。但如果企业仅仅采用内部招聘的做法，久而久之会出现思维僵化、"近亲繁殖"等弊端，很难适应创新的市场要求。

2. 外部招聘

外部招聘是指从企业外部获取符合空缺职位工作要求的人员来弥补企业的人力资源短缺，或为企业储备人才。当企业内部的人力资源不能满足企业发展的需要时，如某些初等职位及一些特定的高层职位，企业内部可能没有合适的人选，则应选择通过外部渠道进行招聘。从外部招聘的人员可以为组织带来新的思维模式和新的理念，有利于组织的创新。

（三）招聘方法

1. 内部招聘的方法

（1）内部晋升或岗位轮换

内部晋升是指企业内部符合条件的员工从现有的岗位晋升到更高层次岗位的过程。岗位轮换是指企业有计划地按照大体确定的期限，让员工轮换担任若干种不同工作的人才培养方式。

内部晋升和岗位轮换需要建立在系统的职位管理和员工职业生涯规划管理体系的基础之上。首先，要建立一套完善的职位体系，明确不同职位的关键职责、职位级别、职位的晋升轮换关系，指明哪些职位可以晋升到哪些职位，哪些职位之间可以进行轮换。其次，企业要建立完善的职业生涯管理体系。在每次绩效评定的时候，企业要对员工的工作目标完成情况及工作能力进行评估，建立员工发展档案。同时，要了解员工个人的职业发展愿望，根据员工意愿及发展可能性进行岗位的有序轮换，并提升有潜力的业绩优秀的员工。

（2）内部公开招聘

在公司内部有职位空缺时，可以通过内部公告的形式进行公开招聘。一般的做法是在公司的内部主页、公告栏或以电子邮件的方式通告给全体员工，符合条件的员工可以根据自己的意愿自由应聘。这种招聘方法能够给员工提供一个公平选择工作岗位的机会，能使企业内最合适的员工有机会从事该工作，有利于调动员工的积极性，更符合"人性化管理"理念。但这种方法若采用不当，会使企业内部缺乏稳定，影响落选员工的工作积极性和工作表现。为保证招聘的质量，对应聘内部招聘岗位的员工需要有一定的条件限定，鼓励工作负责、成绩优秀的员工合理流动。同时，参加内部应聘的员工也要像外部招聘的候选人一样接受选拔评价程序，对于经过选拔评价符合任职资格的员工才能予以录用。

（3）内部员工推荐

当企业内部出现职位空缺时，不仅要鼓励内部员工应聘，还要鼓励员工为公司推荐优秀人才。这里包含了两个方面的内容：一是本部门主管对员工的推荐；二是内部员工的评价推荐。主管对本部门员工的工作能力有较为全面的了解，通常当部门主管有权挑选或决定晋升人选时，他们会更关注员工的工作细节和潜在能力，会在人员培养方面投入更多的精力，同时会促使那些正在寻求晋升机会的员工努力争取更好的工作表现。但由于主管推荐很难不受主观因素的影响，多数员工会质疑这种方式的公平性，因此，主管推荐还应与员工评价相结合，从而保证推荐工作的客观性和公正性。同时，为了保证内部推荐的质量，企业还必须对推荐者的推荐情况进行跟踪和记录，以确保推荐的可靠性。

（4）临时人员转正

企业由于岗位需要会雇用临时人员，这些临时员工也是补充职位空缺的来源。正式岗位出现空缺，而临时人员的能力和资格又符合所需岗位的任职资格要求时，可以考虑临时人员转正，以补充空缺。

2. 外部招聘的方法

（1）发布招聘广告

所谓招聘广告，即将企业有关岗位招聘的信息刊登在适当的媒体上，如报纸、杂志、电视、网站，或散发印刷品等，这是一种最为普遍的招聘方式。刊登的内容一般包括：公司的简单介绍，岗位需求，申请人的资历、学历、能力要求等。这种招聘方式的优点是，覆盖面比较广，发布职位信息多，信息发布迅速，联系快捷方便。缺点是对应聘者信息的真实性较难辨别，成本较高。各种媒体广告都有其不同的优缺点和适用情况，因此在发布招聘广告时，对媒体的选择尤为重要。

（2）就业服务机构和猎头公司

就业服务机构是指帮助企业挑选人才，为求职者推荐工作单位的组织，根据举办方的性质可分为公共就业服务机构和私人就业服务机构。公共就业服务机构是由政府举办，向用人单位和求职者提供就业信息，并帮助解决就业困难的公益性组织，如我国各地人社局下设的人才服务中心。随着人力资源流动的频繁，我国也出现了大量的私人就业中介机构。除提供与公共就业机构相同的服务职能外，更侧重于为企业提供代理招聘的服务，也就是招聘外包的解决方案。这类就业服务机构主要适用于招聘初级人才、中高年龄人才和一些技术工人。经就业服务机构推荐的人员一般都经过筛选，因此招聘成功率比较高，上岗效果也比较好；一些规范化的交流中心还能提供后续服务，使招聘企业感到放心，招聘快捷，省时省力，针对性强，费用低廉。

猎头公司是依靠猎取社会所需各类高级人才而生存、获利的中介组织。因此，主要适用于招聘那些工作经验比较丰富、在行业中和相应岗位上比较难得的尖端人才。这种源于西方国家的招聘方式，近年来成为我国不少企业招聘高级管理人员时的首选。但因其高额的收费，只能是在有足够的招聘经费预算的情况下，为企业非常重要的职位招聘时选择。

（3）校园招聘

当企业需要招聘财务、计算机、工程管理、法律、行政管理等领域的专业化工作的初级水平的员工，或为企业培养和储备专业技术人才和管理人才时，校园招聘是达到以上招聘目的的最佳方式。校园招聘的主要方式是张贴招聘广告、设摊摆点招聘、举办招聘讲座和校园招聘会及学校推荐等。在整个过程中，要熟悉招聘应届毕业生的流程和时间限制，特别加强与高校就业指导部门的联系，办理好接收应届毕业生的相关人事手续。校园招聘的应聘者一般都是应届大学生，他们普遍是年轻人，学历较高，工作经验少，可塑性强，进入工作岗位后能较快地熟悉业务。但由于毕业生缺乏工作经验，企业在将来的岗位培训上成本较高，且不少学生由于刚步入社会，对自己的定位还不清楚，工作的流动性也比较大。此外，毕业生往往面对多家企业的挑选，特别是出类拔萃的人选，很可能同时被多家企业录用，违约是比较常见的现象，也使得校园招聘成本比较高。

（4）人才交流会

随着人力资源市场的建立和发展，人才交流会成为重要的招聘形式。通常人才交流会是由有资格的政府职能部门或下属机构主办，有明确的主题，专门针对一个或少数几个领域开展人才交流活动。实际上就是为企业和应聘者牵线搭桥，使企业和应聘者可以直接进行接洽和交流，既节省了企业和应聘者的时间，还可以为招聘负责人提供不少有价值的信息。这种方法对招聘通用类专业的中级人才和初级人才比较有效。由于应聘者集中，人才分布领域广泛，企业的选择余地较大，企业通过人才交流会，不仅可以了解当地人力资源素质和走向，还可以了解同行业其他企业的人事政策等情况，而且招聘费用比较少，招聘周期较短，招聘工作量较小，能尽快招聘到所需人才。

（5）网络招聘

网络招聘也被称为电子招聘，是指通过技术手段的运用，帮助企业完成招聘的过程，即企业通过公司自己的网站、第三方招聘网站等机构，使用建立数据库或搜索引擎等工具来完成招聘的一种方式。

网络招聘已逐渐成为人员招聘最为重要的方式之一。数以万计的专门的求职招聘网站、大型门户网站的招聘频道和网上人才信息数据库等成为新兴的"人才市场"。网络招聘的兴起不仅是因为其成本低廉，更重要的是因为网络招聘是现存各种招聘方式中最符合未来社会人才高速流转要求的，而且随着网络音频、视频技术的飞速革新，网络招聘缺乏立体感的死结也将打开，应该说网络招聘的前景十分广阔。不过，网络招聘要警惕和排除虚假信息的感染，以免影响组织招聘的效益和效率。

网络招聘有以下几种渠道。

①注册成为人才网站的会员，在人才网站上发布招聘信息，收集求职者的信息资料，这是目前大多数企业在网上招聘的方式。由于人才网站上资料全，日访问量高，所以企业往往能较快招聘到合适的人才。同时，由于人才网站收费较低，很多企业往往会同时在几家网站注册会员，这样可以收到众多求职者的资料，可挑选的余地较大。②在企业自己的主页或网站上发布招聘信息。很多企业在自己的站点上发布招聘信息，以吸引来访问的人员加入。③在某些专业的网站

发布招聘信息。由于专业网站往往能聚集某一行业的精英，在这样的网站发布招聘信息往往效果更好。④在特定的网站上发布招聘广告。有些公司会选择在一些浏览量很大的网站做招聘广告。⑤利用搜索引擎搜索相关专业网站及网页，发现可用人才。⑥通过网络猎头公司。专业的网络猎头公司利用互联网将其触角伸得更深更远，搜寻的范围更加广阔。⑦在 BBS、聊天室里发现和挖掘出色人才。

网络招聘具有覆盖面广、方便、快捷、时效性强、成本低和针对性强等优势，但也存在着信息真实度低、应用范围狭窄、基础环境薄弱、信息处理的难度大和网络招聘的成功率较低等不足。

综上所述，员工招聘的方法是多种多样的，并有着各自不同的特点。在具体实施招聘工作时，企业要结合自身实际情况，灵活运用，选择适合的招聘方式。

三、员工招聘实务

（一）招聘计划制订

招聘计划是根据企业的人力资源规划，在工作分析的基础上，通过分析与预测组织岗位空缺及合格员工获得的可能性，所制订的实现员工补充的一系列工作安排。

1. 招聘计划的内容

一份完整的招聘计划通常包括以下内容。

①人员需求，包括招聘的岗位名称、人数、任职资格要求等内容。②招聘信息发布的时间和渠道。③招聘小组人选，包括小组人员姓名、职务、各自的职责。④应聘者的考核方案，包括考核的方式、考核的场所、答题时间、题目设计者姓名等。⑤招聘费用预算，包括资料费、广告费等其他费用。⑥招聘的工作时间，包括招聘的具体时间安排、招聘的截止日期。

2. 招聘计划的编写步骤

招聘计划的编写一般包括以下步骤。

①获取人员需求信息。人员需求信息一般来源于三个方面：一是企业人力资源计划中的明确规定；二是企业在职人员离职产生的空缺；三是部门经理递交的

经领导批准的招聘申请。②选择招聘信息的发布时间和发布渠道。③初步确定招聘小组。④初步确定选择考核方案。⑤明确招聘预算。⑥编写招聘工作时间表。

（二）招聘广告撰写

招聘广告是企业员工招聘的重要工具之一。广告设计的好坏，直接影响到应聘者的素质和企业的竞争能力。

1. 招聘广告的编写原则

（1）真实

真实是招聘广告编写的首要原则。招聘广告的编写必须保证内容客观、真实，对广告中涉及的录用人员的劳动合同、薪酬、福利等政策必须兑现。

（2）合法

广告中出现的信息要符合国家和地方的法律、法规和政策。

（3）简洁

广告的编写要简洁明了，重点突出招聘岗位名称、任职资格、工作职责、工作地点、薪资水平、社会保障、福利待遇、联系方式等内容。对公司的介绍要简明扼要，不要喧宾夺主。

2. 招聘广告的内容

不同媒介使用的广告形式有所不同，但广告的内容基本相似。招聘广告的内容包括以下几方面：

①广告题目，一般是"××公司招聘""高薪诚聘"等。②公司简介，包括公司的全称、性质、主营业务等，文字要简明扼要。③招聘岗位，包括岗位名称、任职资格、工作职责、工作地点等内容。④人事政策，包括公司的薪酬政策、社会保障政策、福利政策、培训政策等内容。⑤联系方式，包括公司地址、联系电话、传真、网址、电子邮箱、联系人等内容。

（三）工作申请表设计

应聘者在应聘前，通常都要填写一份表格，这份表格就是工作申请表。工作申请表，一般有三个作用：第一，了解应聘者的基本信息，确定申请人是否符合工作所需的最低资格要求；第二，根据应聘者提供的信息，判断应聘者是否具有某些与工作岗位相关的能力与素质；第三，为后期应聘者进行选拔测试工作提供重要的参考信息。工作申请表是应聘者信息筛选的第一个关卡，精心设计的工作申请表可以让这一工具为招聘工作的有效实施发挥更大作用。

1. 工作申请表的设计原则

（1）简明扼要

工作申请表是给多个应聘者申请职位时填写的，如果申请表设计得太过复杂烦琐，填写者出错的概率也会增加，也会给企业相关的人力资源工作带来麻烦。

（2）针对性强

针对企业不同的岗位应设计出不同形式的申请表，这样不但能够提升工作申请表的效用，也为后续的工作收集了针对性的信息。

（3）便于检索保管

工作申请表不仅仅用于对应聘者信息的收集和初选，还可以丰富企业人力资源部门的人才资源库，完善的工作申请表对企业开展人力资源数字化管理具有推动作用。

2. 工作申请表的设计内容

①工作申请表第一部分一般都用于采集应聘者的基本信息。例如，姓名、性别、籍贯、出生年月、文化程度、专业方向及联系方式等。②工作申请表的第二部分一般用于采集应聘者的能力信息。例如，计算机或英语水平、教育背景、爱好特长、工作经历、职业资格及获奖荣誉等。这些信息是判断应聘者是否具备岗位能力和条件的最基本依据。

（四）简历筛选

简历是对个人学历、经历、特长、爱好及其他有关情况所做的简明扼要的书面介绍。对于企业招聘来说，筛选简历是招聘工作中很重要的一项工作。

1. 简历阅读技巧

①浏览简历时，应注意那些易暴露应聘者缺点的地方。例如，对个人信息或教育背景过多地介绍，可能说明应聘者缺乏工作经验；只介绍工作单位、工作岗

位，未介绍工作成果，则可能在原岗位工作平平，或不能很好地胜任原岗位工作；没有持续上升的职业发展状况，则可能说明潜力较低等信息。②寻找附有求职信的简历，这样的应聘者可能很在意企业提供的岗位。③警惕冗长的简历，多余的解释可能表明办事不利索或用以掩盖基本努力和经验的不足。④仔细寻找与成就有关的内容。⑤制作草率简历的人，如简历中多次出现错别字的，通常不会把事情做好。

2. 简历分类技巧

经过筛选，可将简历分为拒绝类、基本类、重点类三种。

（1）拒绝类

完全不符合企业岗位的招聘要求，招聘人员无须再对其进行关注的简历。

（2）基本类

基本符合企业岗位的招聘要求，但是不太突出或者还有不太理想的方面，招聘人员可以先将这些简历保存，留作招聘后备人员。

（3）重点类

完全符合企业岗位招聘要求，或者应聘者有突出点，招聘人员应该对该类简历加以重点分析研究，作为下一步面试、笔试等工作的准备。

3. 简历筛选方法

简历筛选的方法多种多样，较为科学的筛选方法为加权计分法。加权计分法是企业在整理出所招聘岗位的各项要求标准后，按其重要程度进行排序并确定其权重大小，依据应聘者各方面的自身条件，对照所申请岗位的要求标准实施计分。具体分为四个步骤：第一，企业招聘人员整理出所招聘岗位的各项要求标准；第二，按照各要求标准的重要程度进行排序，确定其权重大小；第三，判断应聘者的条件是否符合所申请的工作岗位各项标准并且记分；第四，结合各项标准的权重，将每一个应聘者的各项得分相加，并从高到低排序；第五，依据企业下一步招聘计划，确定候选者。

（五）面试工作

面试是最常见的招聘方式，是招聘专员通过与应聘者正式交谈，了解其业务知识水平、外貌风度、工作经验、求职动机、表达能力、反应能力、个人修养、逻辑性思维等项情况的方法。面试给企业和应聘者提供了双向交流的机会，能使企业和应聘者之间相互了解从而双方都可更准确地做出聘用与否、受聘与否的决定。

1. 面试的分类

（1）结构化面试

又称标准化面试，是指根据特定职位的胜任特征要求，遵循固定的程序，采用专门的题库、评价标准和评价方法，通过考官小组与应聘者面对面的言语交流等方式，评价应聘者是否符合招聘岗位要求的人才测评方法。主要包括三方面的特点：一是面试过程把握的结构化，在面试的起始阶段、核心阶段、收尾阶段，主考官要做些什么、注意些什么、要达到什么目的，事前都会做相应的策划；二是面试试题的结构化，在面试过程中，主考官要考查考生哪些方面的素质，围绕这些考查角度主要提哪些问题，在什么时候提出，怎样提，都有固定的模式和提纲；三是面试结果评判的结构化，从哪些角度来评判考生的面试表现，等级如何区分，甚至如何打分等，在面试前都会有相应的规定，并在众考官间统一尺度。结构化面试适合于专业技术性强的岗位。

（2）非结构化面试

面试提问没有固定的模式和提纲，面试问题大多属于开放式问题，没有标准答案。非结构化面试主要考查应聘者的服务意识、人际交往能力、进取心等非智力素质，适合考察从事服务性或事务性工作的岗位。非结构化面试主要采用情景模拟方式开展。

（3）半结构化面试

这是指面试构成要素中有的内容做统一要求，有的内容则不做统一要求，也就是在预先设计好的试题的基础上，面试中主考官向应试者又提出一些随机的试题。半结构化面试是介于非结构化面试和结构化面试之间的一种形式，它结合了两者的优点，有效避免了单一方法上的不足，具有双向沟通性的特点。面试官可以获得更为丰富、完整和深入的信息，并且面试可以做到内容的结构性和灵活性的结合。近年来，半结构化面试越来越得到广泛使用。

2. 面试的方法

（1）面试前的准备

①面试场地布置

面试场地一般有两种类型，长条桌型的面试场地是最常见的，这种面试形式正规严谨，视野通透，便于观察应聘者的全部举动。圆形桌型的面试适合资深专业类和管理类的应聘者，这种形式能缓解应聘者的紧张感，给他们一种与面试官平等的感觉，但是看不到应聘者的全貌，有些身体语言信息容易被忽视。

②面试问题准备

企业招聘面试应关注的问题，包括以下几个方面：应聘动机；以往的生活和工作经历；兴趣爱好和特长；与所聘岗位相关的知识和经验；素质与所聘岗位的匹配度；对待工作价值、责任、挑战、成就的看法；对工作条件和奖酬待遇的要求和看法；处理人际关系的方式和态度；研究和解决问题的习惯及思路等。

③面试表格准备

在面试的时候，招聘专员不但要积极倾听，还应该做一些笔记。一方面，由于应聘者各有特点，招聘专员很难准确地把握应聘者提供的信息并做出客观准确的判断；另一方面，做好面试记录也是招聘过程记录的一部分，能够为后期人才选拔提供参考资料。

（2）面试的开场

让应聘者介绍自己，并介绍面试的大致安排，建立和谐的气氛。

（3）正式面试环节

招聘专员通过提问方式，介绍企业情况，获取应聘者信息。

（4）面试结束

在面试结束时，应留有时间回答应聘者的提问，努力以积极的态度结束面试。如果不能马上做出决策时，应当告诉应聘者怎样尽快知道面试结果。

3. 无领导小组讨论

无领导小组讨论，是企业招聘选拔人员时，由一组应聘者开会讨论一个企业实际经营中存在的问题，讨论前并不指定谁主持会议，在讨论中观察每一个应聘者的发言，观察他们如何互相影响，以及每个人的领导能力和沟通技巧如何，以便了解应聘者心理素质和潜在能力的一种测评选拔方法。

（1）无领导小组讨论的类型

①根据讨论的主题有无情景性，分为无情景性讨论和情景性讨论

无情景性讨论一般针对某一个开放性的问题来进行。例如，好的管理者应具备哪些素质？或是一个两难问题。在企业中，管理者应该更重公平还是更重效率？情景性讨论一般是把应聘者放在某个假设的情景中来进行。例如，假定各个应聘者均是某公司的高级管理者，让他们通过讨论去解决公司的裁员问题，或是解决公司的资金调配问题等。

②根据是否给应聘者分配角色，可以分为不定角色的讨论和指定角色的讨论

不定角色的讨论是指小组中的应聘者在讨论过程中不扮演任何角色，可以自由地就所讨论的问题发表自己的见解，既可以局中人的身份进行分析，也可以从旁进行客观的评论，具有一定的灵活性。在指定角色的小组讨论中，应聘者分别被赋予一个固定的角色。例如，让他们分别担任财务经理、销售经理、人事经理、生产经理等职务，以各自不同的身份参与讨论，在各角色的基本礼仪不完全一致甚至有矛盾的前提下，进行自由讨论，并达成一致意见。

（2）无领导小组讨论的流程

①编制讨论题目。无领导小组题目的类型包含实际操作性问题、开放式问题、选择与排序问题、两难问题与资源争夺性问题等。②讨论场地布置。无领导小组讨论的实施环节一般要求为：场地安静、宽敞、明亮，讨论者、观察者之间的距离应该远近适中。常见的无领导小组讨论的场地布置形式有方形布置和条形布置。③组织应聘者抽签，确定座次，组织应聘者进入场地并对号入座。④宣读指导语。主考官向应聘者宣读无领导小组讨论测试的指导语，介绍讨论题的背景资料、讨论步骤和讨论要求。主考官要使用规范的指导用语，指导用语的内容包括每组所要完成的任务、时间及注意事项。⑤讨论阶段。进入正式讨论阶段，一切活动都由被测评小组成员自己决定，主考官一般不做任何发言，招聘专员要做的就是观察各成员，并在评分表上给每个人进行计分。应聘者讨论的内容既可以是对自己最初观点的补充与修正，也可以是对他人的某一观点与方案进行分析或

者提出不同见解，还可以是在对大家提出的各种方案的比较基础上提出更加优秀、可行的行动方案。讨论最后必须达成一致意见。讨论的一般流程是，小组成员先轮流阐述自己的观点，然后相互之间进行交叉辩论，继续阐明自己的观点，最后小组选出一名核心人物，以小组领导者的身份进行总结。无领导小组在讨论过程中，招聘专员的观察要点包括以下几个方面：一是发言内容，也就是应聘者说话的内容；二是发言形式和特点，也就是应聘者说话的方式和语气；三是发言的影响，也就是应聘者的发言对整个讨论的进程产生了哪些作用。⑥评价与总结。在整个无领导小组讨论中，可以采用录像机进行检测录像，在应聘者讨论过程中，考官按照事先设计好的测评要素和观察点进行评价，并召开评分讨论会，参考录像资料再对每个应聘者的表现逐一进行评价。通过召开讨论会，招聘专员之间可以充分交换意见，补充自己观察时的遗漏，对应聘者做出更加全面的评价。

当招聘专员都认为他们已经获得了足够的信息，就可以针对各测评指标进行评分。再结合具体的测评权重系数，计算出应聘者的综合得分。最后根据评定意见和综合得分形成最终的综合评定录用结果。

（六）录用工作

经过简历筛选、笔试、面试等一系列招聘选拔手段后，企业能够做出初步的录用决策。但在正式签署录用合同前，还需对应聘者进行背景调查和学历认证。

1. 背景调查

在前期的招聘选拔过程中，所有的信息都是从应聘者方面直接获得的，企业还应了解应聘者的一些背景信息。背景调查就是对应聘者的与工作有关的一些背景信息进行查证，以确定其任职资格。通过背景调查，一方面可以发现应聘者过去是否有不良记录，另一方面也可以考察应聘者的诚信度。此外，当企业在面试过程中对应聘者某些表现或所描述的事件表示怀疑，需要寻求有效证据时，也应进行背景调查。

（1）背景调查一般路径

①人事部门：了解离职原因、工作起止时间、是否有违规行为等记录。②部

门主管：了解工作表现、胜任程度、团队合作情况和工作潜力。③部门同事：了解工作表现、服务意识、团队合作等方面。

（2）进行背景调查应注意的问题

①不要只听信一个被调查者或者一个渠道来源的信息，应该从各个不同的信息渠道验证信息。尤其是遇到某些不良评价时，不能轻信，而应扩大调查范围，确保调查客观、公正。②如果一个应聘者还没有离开原有的工作单位，那么在向他的雇主进行背景调查时应该注意技巧，不要给原雇主留下该应聘者将要跳槽的印象，否则对该应聘者不利。③只花费时间调查与应聘者未来工作有关的信息，不要将时间花在无用的信息上。④必要的时候，可以委托专业的调查机构进行调查，因为他们会有更加广泛的渠道与证明人联系，并且在询问的技巧方面更加专业。

2. 学历认证

在招聘中有部分应聘者会在受教育程度上做假，因为目前很多招聘的职位都会对学历提出要求，所以那些没有达到学历要求的应聘者就有可能对此进行伪装，因此在招聘中有必要对应聘者的学历进行认证。在我国，基本所有大学的毕业证书和正规部门出具的技能证书，都能在官网上进行查询认证。针对国外的证书，我国教育部和人力资源社会保障部特别设立海外大学文凭认证中心，帮助用人单位鉴定应聘者的学历真伪，但这项认证程序较多，耗时较长。

3. 录用决定

企业在做出录用决定时，应尽可能地将一些不确定因素考虑在内。例如，企业要做好应聘者拒绝录用的心理准备，在录用时应该准备不止一名候选人的录用材料。同时，还应准备新员工个人档案登记表，以便新员工入职时登记员工的基本信息，为建立员工档案做好准备。

4. 录用通知

录用通知一般是通过面谈或者电话告知应聘者，在沟通时，要注意了解应聘者所关心或担心的问题，了解其何时能做出接受录用的决定，了解他们是否在考虑其他企业。对于那些没有被录用的候选人，也应告诉他们未被录用的信息。

第二节　员工培训

一、员工培训概述

（一）员工培训的内涵及分类

1. 员工培训的内涵

员工培训是指企业为开展业务及培育人才的需要，采用各种方式对员工进行有目的、有计划的培养和训练的管理活动，其目标是使员工不断地更新知识，开拓提升，改进员工的动机、态度和行为，是企业员工适应新要求，更好地胜任现职工作或担负更高级别职务的重要手段，也是促进组织效率提高和组织目标实现的关键途径，培训的出发点和归宿是"企业的生存与发展"。

2. 员工培训的分类

（1）岗前培训

①新员工入职培训

主要内容为：公司简介、员工手册、企业人事管理规章制度的讲解；企业文化知识的培训；请所在部门进行业务技能、工作要求、工作程序、工作职责等的培训与说明。

②调职员工岗前培训

培训内容主要是工作要求、工作程序、工作职责、业务技能等。

（2）在职培训

在职培训的目的主要在于提高员工的工作效率，以更好地协调公司的运作及发展。培训的内容和方式均由部门决定。

主要可以采用：解释工作程序、给员工演示工作过程等步骤。

（3）专题培训

专题培训是指公司根据发展需要或者部门根据岗位需求，组织部分或全部员工进行某一主题的培训工作。

（4）员工业余自学

员工业余自学是指员工利用业余时间参加的自费学历教育、自费进修或培训、自费参加职业资格或技术等级考试及培训。对于员工业余学习的费用，凡是所学内容与企业相关的，企业一般都给予一定比例的报销。

（二）员工培训的目的

1. 适应企业内外部环境的发展变化

企业的发展是内外因共同起作用的结果。一方面，企业要充分利用外部环境所给予的各种机会和条件，抓住时机；另一方面，企业也要通过改革内部组织去适应外部环境的变化。企业是一个不断与外界相交互、相适应的系统。这种适应并不是静态的、机械的适应，而是动态的、积极的适应。企业的主体是员工，企业要想在市场竞争中处于不败之地，必须不断培养员工，才能使他们跟上时代，适应技术及经济发展的需要。外因通过内因起作用，企业的生存和发展应落实到如何提高员工素质、调动员工的积极性和发挥员工的创造力上。

2. 满足员工自我成长的需要

员工希望学习新的知识技能，希望接受具有挑战性的任务，希望晋升，这些都离不开培训。因此，通过培训可以增强员工的满足感，而且对受训者期望越高，受训者的表现就越佳；反之，受训者的表现就越差。这种自我实现诺言的现象被称为皮格马利翁效应。

3. 提升技能，促进工作绩效提高

员工通过培训，可以提升工作技能，在工作中减少失误，在生产中减少工伤事故，降低因失误而造成的损失。同时，员工经培训后，随着技能的提高，可减少废品、次品，减少消耗和浪费，提高工作质量和工作效率，提高企业效益。

4. 增强企业认同感，提高企业竞争力

员工通过培训，不仅仅能提高知识和技能，而且能使具有不同价值观、信念，不同工作作风及习惯的人，按照时代及企业经营要求进行文化养成，以便形成统一、和谐的工作集体，使劳动生产率得到提高，工作及生活质量得到改善，

进而提高企业竞争力。

（三）员工培训的作用

1. 补偿企业经营机能

员工培训具有支持企业经营机能的补偿作用。企业内"文化育人"的目的是实现企业经营战略。只有恰当地利用人力资源，才能获得更高的劳动生产率，而技能培训对人力发展极为重要。因此，员工培训与企业经营战略密切配合，则能补偿企业经营机能的某些不足。

2. 保持企业竞争力

高素质的企业员工队伍是企业最重要的竞争因素。通过培训，可以提高员工的知识水平，提高员工的首创精神和创新能力，同时可以提高员工的工作热情和合作精神。建立良好的工作环境和工作氛围，可以提高员工的工作满足感和成就感，从而提高员工队伍的整体素质，增强企业竞争力。

3. 降低员工流失率、提高生产力

培训能增强员工对企业的归属感和主人翁责任感。就企业而言，对员工培训得越充分，对员工越具有吸引力，就越能发挥人力资源的高增值性，从而为企业创造更多的效益。培训不仅提高了员工的技能，而且提高了员工对自身价值的认识，使员工对工作目标有了更好的理解，也使员工更愿意继续留在公司工作。

（四）员工培训的原则

培训原则是为了保证培训与开发的方向不偏离组织预定的目标和企业制度的基本原则，并以此为指导。员工培训的原则具体包括以下几个方面：

1. 战略与激励原则

企业必须将员工的培训与开发放在战略高度来认识，许多企业将培训看成是只见投入不见产出的"赔本"买卖，往往只重视当前利益，安排"闲人"去参加培训，真正需要培训的人员却因为工作任务繁重而抽不出身。结果就出现了所学知识不会或根本不用的"培训专业户"，使培训失去了原本的意义。而现实是真正需要学习的人才会学习，这种学习愿望称之为动机。一般而言，动机多来自

需要，所以在培训过程中可用多种激励方法，使受训者在学习过程中因需要的满足而产生学习意愿。因此，企业必须树立战略观念，以激励作为手段，根据企业发展目标及战略制订培训计划并实施培训。

2. 理论联系实际，学以致用原则

员工培训应当有明确的针对性，从实际工作需要出发，与岗位特点紧密结合，与培训对象的年龄、知识结构、能力结构、思想状况紧密结合，目的在于通过培训让员工掌握必要的技能以完成规定的工作，最终为提高企业的经济效益服务。

3. 技能培训与企业文化培训兼顾的原则

培训与开发的内容，除了文化知识、专业知识、专业技能的培训外，还应包括理想、信念、价值观、道德观等方面的培训内容，而后者又要与企业目标、企业文化、企业制度、企业的优良传统等结合起来，使员工在各个方面都能够符合企业的要求。

4. 全员培训与重点提高相结合的原则

全员培训就是有计划、有步骤地对在职的所有员工进行培训，这是提高全体员工素质的必经之路。为了提高培训投入的回报率，必须有重点地对企业兴衰有着重大影响的管理和技术骨干，特别是中高层管理人员、有培养前途的梯队人员，有计划地进行培训与开发。

5. 培训效果的反馈与强化原则

培训效果的反馈指的是在培训后对员工进行检验，其作用在于巩固员工学习的技能，及时纠正错误和偏差，反馈的信息越及时、准确，培训的效果就越好。强化则是指由于反馈而对接受培训的人员进行的奖励或惩罚。其目的一方面是为了奖励接受培训并取得绩效的人员，另一方面是为了加强其他员工的培训意识，使培训效果得到进一步强化。

二、培训需求分析

培训需求分析是培训管理工作的第一环，是否能准确地预测和把握真实的需求，直接决定了培训的合理性和有效性，从而影响到整个组织的绩效和经营目标的实现。

（一）培训需求分析的含义

培训需求分析就是采用科学的方法弄清谁最需要培训、为什么要培训、培训什么等问题，并进行深入探索研究的过程。

（二）培训分析的作用

培训需求分析具有很强的指导性，是确定培训目标、设计培训计划、有效地实施培训的前提，是现代培训活动的首要环节，是进行培训评估的基础。它的作用如下：

1. 有利于找出差距，确立培训目标

进行培训需求分析时，首先应确认培训对象的实际状况同理想状况之间的差距，明确培训的目标和方向。差距确认一般包括三个环节：一是明确培训对象目前的知识、技能和能力水平；二是分析培训对象理想的知识、技能和能力标准或模型；三是对培训对象的理想和现实的知识、技能和能力水平进行对比分析。

2. 有利于找出解决问题的方法

解决需求差距的方法有很多，可以用培训的方法，也可以用与培训无关的方法，如人员变动、工资增长、新员工吸收等，或者是这几种方法的综合。

3. 有利于进行前瞻性预测分析

企业的发展过程是一个动态的、不断变化的过程，培训计划必须进行相应的调整。而培训需求分析是培训计划的前提，因此必须做好前瞻性和预测性分析，迅速把握变革，为制订完善的培训计划做准备。

4. 有利于进行培训成本的预算

当进行培训需求分析并找到了解决问题的方法后，培训管理人员就能够把成本因素引入培训需求分析中，预算培训成本。

5. 有利于促进企业各方达成共识

通过培训需求分析收集了制订培训计划、选择培训方式的大量信息，为确定培训的对象、目标、内容、方式提供了依据，促进企业各方达成共识，有利于培训计划的制订和实施。

（三）培训需求分析的内容

传统的培训需求分析一般包括战略分析、组织分析、员工个人分析。

1. 战略层次分析

战略层次分析一般由人力资源部发起，需要企业执行层或咨询小组的密切配合。企业战略决定着培训目标，如果企业战略不明确，那么培训采用的标准就难以确定，培训工作就失去了指导方向和评估标准。因此，人力资源部必须弄清楚企业战略目标，方可在此基础上做出一份可行的培训规划。

2. 组织层次分析

组织层次分析主要分析的是企业的目标、资源、环境等因素，准确找出企业存在的问题，并确定培训是否是解决问题的最佳途径。组织层次的分析应首先将企业的长期目标和短期目标作为一个整体来考察，同时考察那些可能对企业目标发生影响的因素。

3. 员工个人层次分析

员工个人层次分析主要是确定员工目前的实际工作绩效与企业的员工绩效标准对员工技能的要求之间是否存在差距，为将来培训效果和新一轮培训需求的评估提供依据。

（四）培训需求分析的实施程序

1. 做好培训前期的工作

培训活动开展之前，培训者就要有意识地收集有关员工的各种资料。这样不仅能在培训需求调查时很方便地调用，而且能够随时监控企业员工培训需求的变动情况，以便在恰当的时候向高层领导者请示开展培训。培训前期工作主要包括：建立员工背景档案；同各部门人员保持密切联系；向主管领导反映情况；准备培训需求调查。

2. 制订培训需求调查计划

培训需求调查计划应包括以下几项内容：培训需求调查工作的行动计划；确

定培训需求调查工作的目标；选择合适的培训需求调查方法；确定培训需求调查的内容。

3. 实施培训需求调查工作

在制订了培训需求调查计划以后，就要按计划规定的步骤依次开展工作。开展培训需求调查主要包括以下步骤：

①提出培训需求动议或愿望。②调查、申报、汇总需求动议。③分析培训需求。分析培训需求需要关注以下问题：受训员工的现状；受训员工存在的问题；受训员工的期望和真实想法。④汇总培训需求意见，确认培训需求。

4. 分析与输出培训需求结果

分析与输出培训需求结果主要包括：对培训需求调查信息进行分类、整理；对培训需求进行分析、总结；撰写培训需求分析报告。

（五）撰写员工培训需求分析报告

撰写员工培训需求分析报告的目的在于：对各部门申报、汇总上来的建议、培训需求的结果做出解释并提供分析结论，以最终确定是否需要培训及培训什么。需求分析结果是确定培训目标、设计培训课程计划的依据和前提。需求分析报告可为培训部门提供关于培训的有关情况、评估结论及其建议。培训需求分析报告包括以下主要内容：需求分析实施的背景，即产生培训需求的原因或培训动议；开展需求分析的目的和性质；概述需求分析实施的方法和过程；阐明分析结果；解释、评论分析结果和提供参考意见；附录，包括收集和分析资料的图标、问卷、部分原始资料等；报告提要。

撰写报告时，在内容上要注意主次有别、详略得当，使报告成为有机联系的整体。为此，在撰写前应当认真草拟写作提纲，按照一定的主题及顺序安排内容。

（六）培训需求信息的收集方法

培训需求信息的收集方法有很多种，在实际工作中培训管理人员通常使用一种以上的方法，因为采用不同的方法，在研究目标员工和他们的工作时，分析的准确程度会显著提高。常用的收集培训需求信息的方法有以下五种。

1. 面谈法

面谈法是指培训组织者为了了解培训对象在哪些方面需要培训，就培训对象对于工作或对于自己的未来抱有什么样的态度，或者说是否有什么具体的计划，并且由此产生相关的工作技能、知识、态度或观念等方面的需求而进行的面谈方法。面谈法是一种非常有效的需求分析方法。培训者和培训对象面对面进行交流，可以充分了解相关方面的信息，有利于培训双方相互了解，建立信任关系，从而使培训工作得到员工的支持，而且会谈中通过培训者的引导提问，能使培训对象更深刻地认识到工作中存在的问题和自己的不足，激发其学习的动力和参加培训的热情。但是面谈法也有自身的缺点，培训方和受训方对各问题的探讨需要较长时间，这在一定程度上可能会影响员工的工作，会占用培训者大量的时间，而且面谈对培训者的面谈技巧要求很高。

面谈法有个人面谈法和集体面谈法两种具体操作方法。个人面谈法是指分别和每一个培训对象进行一对一的交流，可以采用正式或非正式的方式进行。集体面谈法是以集体会议的方式，培训者和培训对象在会议室参加讨论，但会议中不宜涉及有关人员的缺点和隐私问题。无论是哪一种方式的面谈，培训者在面谈之前都要进行面谈内容的详细准备，并在面谈中加以引导。

2. 重点团队分析法

重点团队分析法是指培训者在培训对象中选出一批熟悉问题的员工作为代表参加讨论以调查培训需求信息。重点小组成员的选取要符合两个条件：一是他们的意见能代表所有培训对象的培训需求，一般是从每个部门、每个层次中选取数个代表参加；二是选取的成员要熟悉需求调查中讨论的问题，他们一般在其岗位中有比较丰富的经历，对岗位各方面的要求、其他员工的工作情况都比较了解，通常由 8~12 人组成一个小组，其中有 1~2 名协调员，一人组织讨论，另一人负责记录。

这种需求调查方法是面谈法的改进，优点在于花费的时间和费用比面谈法要少得多，而且各类培训对象代表会聚一堂，各抒己见，可以发挥出头脑风暴法的作用，各种观点意见在小组中经过充分讨论后，得到的培训需求信息更有价值，且易激发出小组中各成员对企业培训的使命感和责任感。但其局限性在于对协调员和讨论组织者要求较高，由于一些主客观方面的原因，可能会导致小组讨论时大家不会说出自己的真实想法，不敢反映本部门的真实情况，某些问题的讨论可能会流于形式。

3. 工作任务分析法

工作任务分析法是以工作说明书、工作规范或工作任务分析记录表作为确定员工达到要求所必须掌握的知识、技能、态度的依据，将其和员工平时工作中的表现进行对比，以判定员工要完成工作任务的差距所在。工作任务分析法是一种非常正规的培训需求调查方法，它通过岗位资料分析和员工现状对比得出员工的素质差距，结论可信度高。但这种培训需求调查方法需要花费的时间和费用较多，一般只在非常重要的一些培训项目中才会运用。

（1）工作任务分析记录表的设计

工作任务分析记录表通常包括主要任务和子任务、各项工作的执行频率、绩效标准、执行工作任务的环境、所需的技能和知识，以及学习技能的场所等，具体工作可以根据本身要求进行相应的修改。

（2）工作盘点法

工作盘点法是一种比较有名的工作方法，它列出了员工需要从事的各项活动内容、各项工作的重要性，以及执行时需要花费的时间。因此，这些信息可以帮助负责培训的人员安排各项培训活动的先后次序。

4. 观察法

观察法是指培训者亲自到员工身边了解员工的具体情况，通过与员工一起工作，观察员工的工作技能、工作态度，了解其在工作中遇到的困难，收集培训需求信息的方法。观察法是最原始、最基本的需求调查工具之一，它比较适合生产作业和服务性工作人员，而对于技术人员和销售人员则不太适应。这种方法的优点在于培训者与培训对象亲密接触，对他们的工作有直接的了解。但需要很长的时间，观察的结果也易受培训者对工作熟悉程度、主观偏见的影响。

5. 问卷调查法

问卷调查法是指培训部门首先将一系列的问题编制成问卷，发放给培训对象填写之后再回收进行分析的方法。调查问卷发放简单，可节省培训组织者和培训对象双方的时间，同时成本较低，又可针对许多人实施，所得资料来源广泛。但由于调查结果是间接取得的，无法断定其真实性，而且问卷设计、分析工作难度较大。

在进行调查问卷设计时，我们应注意以下问题：

①语言简洁、问题清楚明了，不会产生歧义。②问卷尽量采用匿名方式；多采用客观问题方式，易于填写。③主观问题要有足够的空间填写意见。

三、培训的实施与管理

（一）培训计划的制订

培训计划是企业培训组织管理的实施规程，必须具备以下几个内容。

1. 目的

从企业整体的宏观管理上对培训计划要解决的问题或者要达到的目标进行表述。

2. 原则

制订和实施计划的规则。

3. 培训需求

在企业运营和管理过程中，什么地方和现实需要存在差距、需要弥补。

4. 培训的目的或目标

培训计划中的培训项目需要达到一个什么样的培训目的、目标或结果。

5. 培训对象

培训项目是对什么人或者什么岗位的任职人员进行的，这些人员的学历、经验、技能状况如何。

6. 培训内容

每个培训项目的内容是什么。

7. 培训时间

三个方面的内容，首先，培训计划的执行期或者有效期；其次，培训计划中每一个培训项目的实施时间或培训时间；最后，培训计划中每一个培训项目的培训周期或课时。

8. 培训地点

两个方面的内容：一是每个培训项目的实施地点；二是实施每个培训项目时的集合地点或者召集地点。

9. 培训形式和方式

培训计划中的每个培训项目所采用的培训形式和培训方式。例如，是外派培训，还是内部组织培训；是外聘教师培训，还是内部人员担任培训讲师；是半脱产培训、脱产培训，还是业余培训等。

10. 培训教师

培训计划中每个培训项目的培训教师由谁来担任，是内聘还是外聘。

11. 培训组织人

两个方面的人员，培训计划的执行人或者实施人；培训计划中每一个培训项目的执行人或者责任人。

12. 考评方式

每一个培训项目实施后，对受训人员的考评方式，分为笔试、面试、操作三种方式。笔试又分为开卷和闭卷，笔试和面试的试题类型又分为开放式试题和封闭式试题。

13. 计划变更或者调整方式

计划变更或者调整的程序及权限范围。

14. 培训费用预算

一部分是整体计划的执行费用；另一部分是每一个培训项目的执行或者实施费用。

15. 签发人

本培训计划的审批人或者签发人。

培训计划可以像上述内容那样详细，也可以只规定一个原则和培训方向，在每个培训项目实施前再制订详细的实施计划。

（二）培训方法的选择

培训方法的选择要和培训内容紧密相关，不同的培训内容适用于不同的培训方法。不同的培训方法有不同的特点，在实际工作中，应根据公司的培训目的、培训内容及培训对象选择适当的培训方法。

1. 直接传授型培训法

该培训法适用于知识类培训，主要包括讲授法、专题讲座法和研讨法等。

2. 实践型培训法

该培训法简称实践法，主要适用于以掌握技能为目的的培训。实践培训法是通过让学员在实际工作岗位或真实的工作环境中，亲自操作、体验，以掌握工作所需的知识、技能的培训方法，在员工培训中应用最为普遍。这种方法将培训内容和实际工作直接结合，具有很强的实用性，是员工培训的有效手段，适用于从事具体岗位所应具备的能力、技能和管理实务类培训。

实践法的常用方式如下。

（1）工作指导法

又称教练法、实习法。是指由一位有经验的工人或直接主管人员在工作岗位上对受训者进行培训的方法。指导教练的任务是教受训者如何做及提出如何做好的建议，并对受训者进行激励。

这种方法并不一定要有详细、完整的教学计划，但应注意培训的要点：一是关键工作环节的要求；二是做好工作的原则和要求；三是要避免、防止的问题和错误。

（2）工作轮换法

指让受训者在预定时期内变换工作岗位，扩大受训者对整个企业各环节工作的了解，使其获得不同岗位工作经验的培训方法。

（3）特别任务法

指企业通过为某些员工分派特别任务对其进行培训的方法，此法常用于管理培训。其具体形式如下。

①委员会或初级董事会。这是为有发展前途的中层管理人员提供，培养分析

全公司范围问题的能力，提高决策能力的培训方法。②行动学习。这是让受训者将全部时间用于分析、解决其他部门而非本部门问题的一种课题研究法。

（4）个别指导法

此方法与我国以前的"师傅带徒弟"或"学徒工制度"相类似。目前，我国仍有很多企业在实行这种"传帮带"式培训方式，主要是通过资历较深的员工的指导，使新员工能够迅速掌握岗位技能。

3. 参与型培训法

参与型培训法是调动培训对象的积极性，让其在培训者与培训对象双方的互动中学习的方法。这类方法的主要特征是每个培训对象积极参与培训活动，从亲身参与中获得知识、技能，掌握正确的行为方法，开拓思维，转变观念。其主要形式有：自学、案例研究法、头脑风暴法、模拟培训法、敏感性训练法和管理者训练法。

4. 态度型培训法

态度型培训法主要针对行为调整和心理训练，具体包括角色扮演法和拓展训练等。

5. 科技时代的培训方式

随着现代社会信息技术的发展，大量的信息技术被引进培训领域。在这种情况下，新兴的培训方式不断涌现，如网上培训、虚拟培训等培训方式在很多公司受到欢迎。

（1）网上培训

网上培训又称为基于网络的培训，是指通过企业的内部网或互联网对学员进行培训的方式。它是将现代网络技术应用于人力资源开发领域而创造出来的培训方法，它以其无可比拟的优越性受到越来越多企业的青睐。

（2）虚拟培训

虚拟培训是指利用虚拟现实技术生成实时的、具有三维信息的人工虚拟环境，学员通过运用某些设备接受和响应环境的各种感官刺激，并可根据需要通过多种交互设备来驾驭环境、操作工具和操作对象，从而达到提高培训对象各种技能或学习知识的目的。

6. 其他方法

除上述培训方法外，还有函授、业余进修、开展读书活动、参观访问等方法，这些方法是通过参加者的自身努力、自我约束能够完成的，公司只起鼓励、支持和引导作用。

（三）培训的经费预算

进行培训计划的经费预算，需分析以下因素和指标。

①确定培训经费的来源，是由企业承担，还是企业和员工共同承担。②确定培训经费的分配与使用。③进行培训成本收益计算。④制订培训预算计划。⑤培训费用的控制及成本降低。

（四）培训的具体实施

1. 培训的组织与实施

培训课程的实施是指把课程计划付诸实践的过程，它是达到预期课程目标的基本途径。培训计划能否成功实施，除了有一个完善的培训计划外，培训课程的严格认真实施与科学的管理也都极为重要。

2. 前期准备工作

在新的培训项目即将实施之前，做好各方面的准备工作，是培训成功实施的关键。准备工作主要包括以下几个方面。

（1）确认并通知参加培训的学员

如果先前的培训计划已有培训对象，在培训实施前必须先进行一次审核，看是否有变化，须考虑的相关因素如下：学员的工作内容、工作经验与资历、工作意愿、工作绩效、公司政策、所属主管的态度等。

（2）确认培训后勤准备

确认培训场地和设备，须考虑如下相关因素：培训性质、交通情况、培训设施与设备、行政服务、座位安排、费用（场地、餐费）等。

（3）确认培训时间

确认培训时间须考虑如下相关因素：能配合员工的工作状况、合适的培训时间长度（原则上白天 8 个小时，晚上 3 个小时为宜）、符合培训内容、教学方法的运用、时间控制。

（4）相关资料的准备

相关资料的准备主要包括：课程资料编制、设备检查、活动资料准备、座位或签到表印制、结业证书等。

（5）确认理想的培训师

尽可能与培训师事先见面，在授课前说明培训目的、内容。确认培训师须考虑如下相关因素：符合培训目标、培训师的专业性、培训师的配合性、培训师的讲课报酬是否在培训经费预算内。

3．培训实施阶段

（1）课前工作

①准备茶水，播放音乐。②学员报到，要求在签到表上签名。③引导学员人座。④课程及讲师介绍。⑤学员心态引导，宣布课堂纪律。

（2）培训开始的介绍工作

做完准备工作后，课程就要进入具体的实施阶段。无论什么样的培训课程，开始实施以后要做的第一件事都是介绍，具体内容包括：

①培训主题。②培训者的自我介绍。③后勤安排和管理规则介绍。④培训课程的简要介绍。⑤培训目标和日程安排的介绍。⑥"破冰"活动，即打破人与人之间相互怀疑的状态，帮助人们放松心态并变得乐于交往，以促进团队融合的活动。⑦学员自我介绍。

（3）培训器材的维护、保管

对培训的设施、设备要懂得爱护，小心使用，不能粗暴，对设备要定期除尘，不要把食物、饮料放在设备附近等。

（4）做好培训课程进行过程中的服务与协调工作

①注意观察讲师的表现、学员的课堂反应，及时与讲师沟通、协调。②协助上课、休息时间的控制。③做好上课记录（录音）、摄像、录像工作。

（5）对学习情况进行总结和评价

做任何事情都要有始有终，培训也是一样。但培训者通常很重视开始和整个培训过程，而忽略了结束部分。其实回顾和评估具有承上启下的作用，它既高度概括培训的中心内容，又要提示学员注意将所培训的内容应用到今后的工作中去。

4. 培训结束后的工作

①向培训师致谢。②做问卷调查。③颁发结业证书。④清理、检查设备。⑤培训效果评估。

第四章 现代人力资源管理的提升路径

第一节 绩效管理

一、绩效管理概述

（一）绩效的含义和特点

由于绩效管理是基于绩效来进行的，因此首先要对绩效有所了解。在一个组织中，广义的绩效包括两个层次的含义：一是指整个组织的绩效；二是指个人的绩效。

1. 绩效的含义

对于绩效（Performance）的含义，人们有着不同的理解，最主要的是对绩效的定义产生了两种不同观点：一种观点认为绩效是结果，另一种观点认为绩效是行为。

（1）从工作结果的角度出发来理解绩效

绩效应该定义为工作的结果，因为这些工作结果与组织的战略目标、顾客满意度及所投资金的关系最密切。

（2）从工作行为的角度出发来理解绩效

绩效是一个人在其中工作的组织或组织单元的目标有关的一组行为。

绩效是行为的同义词，它是人们实际的行为表现并且是能观察到的。就定义而言，它只包括与组织目标有关的行动或行为，能够用个人的熟练程度（即贡献水平）来定等级（测量）。绩效是组织雇人来做并需要做好的事情。绩效不是行为后果或结果，而是行为本身。绩效由个体控制下的与目标相关的行为组成，不论这些行为是认知的、生理的、心智活动的还是人际的。

2. 绩效的特点

一般来说，绩效具有以下三个主要特点。

（1）多因性

多因性就是指员工的绩效是受多种因素共同影响的，既有员工个体的因素，如知识、能力、价值观等，也有企业环境的因素，如组织的制度、激励机制、工作的设备和场所等。

（2）多维性

多维性就是指员工的绩效往往是体现在多个方面的，员工的工作结果和工作行为都属于绩效的范围。例如，一名操作工人的绩效，除了生产产品的数量、质量外，原材料的消耗、出勤情况、与同事的合作、纪律的遵守等都是绩效的表现。因此，对员工的绩效评估必须从多方面进行考察。一般来说，我们可以从工作业绩、工作能力和工作态度三个维度来评价员工的绩效。当然，不同的维度在整体绩效中的重要性是不同的。

（3）动态性

动态性就是指员工的绩效并不是固定不变的，在主客观条件变化的情况下，绩效是会发生变动的。比如，某个员工的绩效往往会随着时间的推移而不断地发生变化，原来较差的业绩有可能好转，或者原来较好的业绩也有可能变差。这种动态性就决定了绩效的时限性，绩效往往是针对某一特定的时期而言的。这实际上向我们解释了为什么绩效评价和绩效管理中存在一个绩效周期的问题。因此，在评价员工的绩效时，应以发展的眼光看待员工的绩效，切忌以主观僵化的观点看待。

（二）绩效管理的含义和步骤

1. 绩效管理的含义

绩效管理就是指制定员工的绩效目标并收集与绩效有关的信息，定期对员工的绩效目标完成情况做出评价和反馈，以确保员工的工作活动和工作产出与组织保持一致，进而保证组织目标完成的管理手段与过程。在现实中，人们对绩效管理存在着许多片面的甚至错误的看法，完整、准确地理解绩效管理的含义，需要很好地把握绩效管理各方面的内容。

本书定义，绩效管理是指管理者与员工之间在确定绩效目标与如何实现绩效目标上达成共识的过程，是增强员工成功达到绩效目标的能力、促进员工取得优异绩效的管理过程。

绩效管理的目的在于提高员工的能力素质，改进与提高企业绩效水平。绩效管理是将"绩"与"效"进行最有效的结合过程，是一个在管理大系统中运行的小系统，绩效考核是绩效管理系统中的一个重要构件。

2. 绩效管理的一般步骤

对于绩效管理，人们往往把它等同于绩效考核，认为绩效管理就是绩效考核，两者并没有什么区别。其实，绩效考核只是绩效管理的一个组成部分，最多只是一个核心的组成部分而已，代表不了绩效管理的全部内容。完整意义上的绩效管理应该由绩效计划、绩效沟通、绩效考核和绩效反馈这四个部分组成。

（1）绩效计划

绩效计划是整个绩效管理系统的起点，是指在绩效周期开始时，由上级和员工一起就员工在绩效考核期内的绩效目标、绩效过程和手段等进行讨论并达成一致。当然，绩效计划并不是只在绩效周期开始时才会进行，实际上它往往会随着绩效周期的推进而不断做出相应的修改。

（2）绩效沟通

绩效沟通是指在整个绩效期间，通过上级和员工之间持续的沟通来预防或解决员工实现绩效时可能发生的各种问题的过程。

（3）绩效考核

绩效考核是指确定一定的考核主体，借助一定的考核方法，对员工的工作绩效做出评价。

（4）绩效反馈

绩效反馈是指绩效周期结束时在上级和员工之间进行绩效考核面谈，由上级将考核结果告诉员工，指出员工在工作中存在的不足，并和员工一起制订绩效改进的计划。绩效反馈的过程在很大程度上决定了组织实现绩效管理目的的程度。

（三）绩效管理的目的和意义

1. 绩效管理的目的

绩效管理的目的主要体现在三个方面：战略、管理和开发。绩效管理能够把员工的努力与组织的战略目标联系在一起，通过提高员工的个人绩效来提高企业整体绩效，从而实现组织战略目标，这是绩效管理的战略目的。通过绩效管理，可以对员工的行为和绩效进行评估，以便适时给予相应的奖惩以激励员工，其评价的结果是企业进行薪酬管理、做出晋升决策及保留或解雇员工的决定等重要人力资源管理决策的重要依据，这是绩效管理的管理目的。在实施绩效管理的过程中，可以发现员工存在的不足，在此基础上有针对性地进行改进和培训，从而不断提高员工的素质，达到提高绩效的目的，这是绩效管理的开发目的。

2. 绩效管理的意义

作为人力资源管理的一项核心职能，绩效管理具有非常重要的意义，这主要表现在以下几个方面。

（1）绩效管理有助于提升企业的绩效

企业绩效是以员工个人绩效为基础而形成的，有效的绩效管理系统可以改善员工的工作绩效，进而有助于提高企业的整体绩效。很多企业纷纷强化员工绩效管理，把它作为增强公司竞争力的重要途径。

（2）绩效管理有助于保证员工行为和企业目标一致

企业绩效的实现有赖于员工的努力工作，人们对此早已达成共识，但是近年来的研究表明，两者的关系并不像人们想象的那么简单，而是非常复杂的。

在努力程度和企业绩效之间有一个关键的中间变量，即努力方向与企业目标的一致性。如果员工的努力程度比较高，但是方向却与企业的目标相反，则不仅不会增进企业的绩效，相反还会产生负面作用。

保证员工行为与企业目标一致的一个重要途径就是借助绩效管理。由于绩效考核指标对员工的行为具有导向作用，因此通过设定与企业目标一致的考核指标，就可以将员工的行为引导到企业目标上来。例如，企业的目标是提高产品质量，如果设定的考核指标只有数量而没有质量，员工就会忽视质量，从而影响到企业目标的实现。

（3）绩效管理有助于提高员工的满意度

提高员工的满意度对于企业来说具有重要的意义，而满意度是与员工需要的满足程度联系在一起的。在基本的生活得到保障以后，按照马斯洛的需求层次理论，每个员工都会内在地具有尊重和自我实现的需要，绩效管理则从两个方面满足了这种需要，从而有助于提高员工的满意度。首先，通过有效的绩效管理，员工的工作绩效能够不断地得到改善，这可以提高他们的成就感，从而满足自我实现的需要；其次，通过完善的绩效管理，员工不仅可以参与到管理过程中来，而且可以得到绩效的反馈信息，这能够使他们感到自己在企业中受到了重视，从而满足尊重的需要。

（4）绩效管理有助于实现人力资源管理的其他决策的科学、合理绩效管理可以为人力资源管理的其他职能活动提供准确、可靠的信息，从而提高决策的科学性和合理性。

（四）绩效管理与人力资源管理其他职能的关系

绩效管理在企业的人力资源管理系统中占据着核心位置，发挥着重要的作用，并与人力资源管理的其他职能活动之间存在着密切的关系。

1. 与职位分析的关系

职位分析是绩效管理的基础。在绩效管理中，对员工进行绩效考核的主要依据就是实现设定的绩效目标，而绩效目标的内容在很大程度上来自通过职位分析所形成的职位说明书。借助职位说明书来设定员工的绩效目标，可以使绩效管理工作更有针对性。

2. 与人力资源规划的关系

绩效管理对人力资源规划的影响主要表现在人力资源质量的预测方面，借助绩效管理系统，能够对员工目前的知识和技能水平做出准确的评价。这不仅可以为人力资源供给质量的预测提供信息，而且还可以为人力资源需求质量的预测提供有效的信息。

3. 与招聘录用的关系

绩效管理与招聘录用的关系是双向的。首先，通过对员工的绩效进行评价，能够对不同招聘渠道的质量做出比较，从而可以实现对招聘渠道的优化；此外，对员工绩效的评价也是检测甄选录用系统效度的一个有效手段。其次，招聘录用也会对绩效管理产生影响，如果招聘录用的人员质量比较高，员工在实际工作中就会表现出良好的绩效，这样就可以大大减轻绩效管理的负担。

4. 与培训开发的关系

绩效管理与培训开发也是相互影响的，在讲培训需求分析时已经指出，通过对员工的绩效做出评价，可以发现培训的"压力点"，在对"压力点"做出分析之后就可以确定培训的需求；同时，培训开发也是改进员工绩效的一个重要手段，有助于实现绩效管理的目标。

5. 与薪酬管理的关系

绩效管理与薪酬管理的关系是最直接的，按照赫茨伯格的双因素理论，如果将员工的薪酬与他们的绩效挂钩，使薪酬成为工作绩效的一种反映，就可以将薪酬从保健因素转变为激励因素，从而可以使薪酬发挥更大的激励作用。此外，按照公平理论的解释，支付给员工的薪酬应当具有公平性，这样才可以更好地调动他们的积极性，为此就要对员工的绩效做出准确的评价。一方面，使他们的付出能够得到相应的回报，实现薪酬的自我公平；另一方面，也使绩效不同的员工得到不同的报酬，实现薪酬的组织内部公平。

6. 与人员调配的关系

企业进行人员调配的目的就是实现员工与职位的相互匹配。通过对员工进行绩效考核，一方面可以发现员工是否胜任现有的职位，另一方面也可以发现员工适宜从事哪些职位。

对员工进行绩效考核，还可以减少解雇辞退时不必要的纠纷。在西方发达国家，解雇员工时必须给出充分的理由，否则可能会引起法律纠纷，而绩效管理就是一种有效的手段。如果某员工的绩效考核结果连续几年都不合格，就证明他无法胜任这一职位，企业就有足够的理由来解雇他。随着全球一体化进程的加快和员工法律意识的增强，这个问题应当引起国内企业的重视。

二、绩效沟通

绩效沟通是指在绩效管理的过程中管理者与被管理者双方就工作绩效方面的

问题进行的交流。

具体来说，绩效沟通的必要性体现在以下三个方面：一是作为绩效考评基础的目标责任书、工作计划表必须在有效沟通的基础上完成；二是正向激励作用的发挥需要通过有效的双向沟通来实现；三是有效的绩效沟通是提升管理者素质的重要手段。它包括绩效目标沟通、绩效辅导沟通、绩效反馈沟通和绩效改进沟通。

绩效沟通贯穿绩效管理过程的始终，在其流程中的任何一个环节都发挥着重要的作用。管理者和员工经过沟通实现一致的绩效目标之后，还需要不断地对员工的工作表现和工作行为进行监督管理，监控过程中的绩效，才能帮助员工获得最终的优秀绩效。在整个绩效沟通周期（Performance Monitor Cycle）内，管理者采用恰当的领导风格，积极指导下属工作，与下属进行持续的绩效沟通，预防或解决实现绩效时可能发生的各种问题，以期更好地完成绩效计划，这个过程就是绩效沟通，又称绩效跟进或绩效监控。在绩效沟通的阶段，管理人员需要选择恰当的领导风格，与员工的持续沟通，辅导与咨询，收集绩效信息等，这几个方面也是决定绩效跟进过程中的监管是否有效、跟进是否成功的关键点。下面将对这几个关键点进行简要介绍。

（一）选择恰当的领导风格

在绩效跟进阶段，领导者要选准恰当的领导风格，指导下属的工作，与下属进行沟通。在这一过程中，管理者处于极为重要的地位，管理者的行为方式和处事风格会极大地影响下属工作的状态，这要求管理者能够在适当的时候采取适当的管理风格。涉及领导风格的权变理论主要有领导情景理论、路径-目标理论、领导者-成员交换理论等。下面将简要介绍其中获得广泛认可的领导情景理论。

随着下属成熟度的变化，管理者的管理风格也应该相应地做出调整。当下属对完成某项任务既没有能力又不情愿时，管理者需要给他们明确的指示行为，告知他们该如何去做；当下属不具备能力却愿意从事该工作时，上级应表现出高任务高关系的推销风格；当下属具备相应的能力但工作意愿不强时，上级表现出高关系低任务的参与风格最有效；当下属既有能力又有意愿的时候，管理者则不需要做太多的事情，只要授权即可。

（二）与员工的持续沟通

前面已经指出，绩效管理的根本目的是通过改善员工的绩效来提高企业的整体绩效，只有每个员工都实现了各自的绩效目标，企业的整体目标才能实现，因此在确定了绩效目标后，管理者还应当保持与员工的沟通，帮助员工实现这一目标。

在绩效跟进的过程中，管理人员与员工需要进行持续的沟通，达到以下目的：（1）通过持续沟通对绩效计划进行调整；（2）通过持续沟通向员工提供进一步的信息，为员工绩效计划的完成奠定基础；（3）通过持续沟通，让管理人员了解相关信息，以便日后对员工的绩效进行客观的评估，同时也在绩效计划执行发生偏差的时候及时了解相关信息，并采取相应的调整措施。

在沟通时，管理人员应该重点关注的内容有：工作的进展情况如何，是否在正确的轨道上？哪些工作进行得很好，哪些工作遇到了困难与障碍，需要对工作进行哪些调整？员工还需要哪些资源与支持？……员工应该重点关注的内容有：工作进展是否达到了管理人员的要求，方向是否与管理人员的期望一致？是否需要对我的绩效计划进行调整？管理人员需要从我这里获得哪些信息？我还需要哪些资源与支持？……

一般来说，管理人员与员工的持续沟通可以通过正式的沟通与非正式的沟通来完成。正式的沟通有：书面报告，如工作日志、周报、月报、季报、年报等；会议；正式面谈。非正式的沟通方式多种多样，常用的非正式沟通方式有：走动式管理，开放式办公室，休息时间的沟通，非正式的会议。与正式的沟通相比，非正式的沟通更容易让员工开放地表达自己的想法，沟通的氛围也更加宽松。作为管理人员，应该充分利用各种各样的非正式沟通机会。

（三）辅导与咨询

1. 辅导

辅导是一个改善个体知识、技能和态度的技术。辅导的主要目的：第一，及时帮助员工了解自己工作进展情况如何，确定哪些工作需要改善，需要学习哪些知识和掌握哪些技能；第二，必要时指导员工完成特定的工作任务；第三，使工作过程变成一个学习过程。"好"的辅导具有这样一些特征：辅导是一个学习过程，而不是一个教育过程；管理者应对学习过程给予支持；反馈应该具体、及时，并集中在好的工作表现上。

进行辅导的具体过程：第一，确定员工胜任工作所需要学习的知识、技能，提供持续发展的机会，掌握可迁移的技能；第二，确保员工理解和接受学习需要；第三，与员工讨论应该学习的内容和最好的学习方法；第四，让员工知道如何管理自己的学习，并确定在哪个环节上需要帮助；第五，鼓励员工完成自我学习计划；第六，在员工需要时，提供具体指导；第七，就如何监控和回顾员工的进步达成一致。

2. 咨询

有效的咨询是绩效管理的一个重要组成部分。在绩效管理实践中，进行咨询的主要目的：当员工没能达到预期的绩效标准时，管理者借助咨询来帮助员工克服工作过程中遇到的障碍。在进行咨询时要做到：第一，咨询应该及时，也就是说，应该在问题出现后立即进行咨询。第二，咨询前应做好计划，咨询应在安静、舒适的环境中进行。第三，咨询是双向的交流。管理者应该扮演"积极的倾听者"的角色，这样，能使员工感到咨询是开放的，并鼓励员工多发表自己的看法。第四，不要只集中在消极的问题上。谈到好的绩效时，应比较具体，并说出事实依据；对不好的绩效应给予具体的改进建议。第五，要共同制订改进绩效的具体行动计划。

（四）收集绩效信息

1. 作用

在绩效跟进阶段，很有必要对员工的绩效表现做一些观察和记录，收集必要的信息。这些记录和收集到的信息的主要作用体现在以下两个方面。

（1）为绩效考核提供客观的事实依据

有了这些信息以后，在下一阶段对员工绩效进行考核的时候，就有了事实依据，有助于我们对员工的绩效进行更客观的评价。

（2）为绩效改善提供具体事例

进行绩效考核的一个目的就是不断提升员工的能力水平。通过绩效考核，我们可以发现员工还有哪些需要进一步改进的地方，而这些收集到的信息则可以作为具体事例，用来向员工说明为什么他们还需要进一步改进与提升。

2. 方法

在绩效跟进阶段，管理人员需要收集的信息有能证明目标完成情况的信息，能证明绩效水平的信息，关键事件。收集绩效信息常用的方法有观察法、工作记录法和他人反馈法。

（1）观察法

观察法是指管理人员直接观察员工在工作中的表现，并如实记录。

（2）工作记录法

员工的某些工作目标完成情况是可以通过工作记录体现出来的，如销售额、废品数量等。

（3）他人反馈法

他人反馈法是指从员工的服务对象或者在工作中与员工有交往的人那里获取信息。比如，客户满意度调查就是通过这种方法获取信息的典型方法。不管采用哪种方法收集信息，管理人员都需要做到客观，只是如实地记录具体事实，而不应收集对事实的推测。

三、绩效考核

（一）绩效考核过程

绩效考核，也称绩效评价，就是指在考核周期结束时，选择相应的考核主体和考核方法，收集相关的信息，对员工完成绩效目标的情况做出考核。绩效考核结果会对人力资源管理的其他职能产生重要影响，也关系着员工的切身利益，受到全体员工的重视。为了确保绩效考核结果的公正性、客观性和科学性，企业应该建立一套科学的绩效考核流程。

1. 确立目标

这一步骤需要明确组织的战略目标、选择考核对象。这一过程主要在绩效计划中实现：使用平衡计分卡（Balanced Score Card，简称 BSC）和关键绩效指标（Key Performance Indicator，简称 KPI）两种考核工具。考核指标体系的建立都是源于组织的使命和战略目标。同时，BSC 和 KPI 都是对组织战略目标的层层分解，由组织目标到部门目标再到员工个人目标，利用这些目标分别对组织层面、部门层面和个人的绩效进行评价。

2. 建立评价系统

建立评价系统包括三个方面的内容：确定评价主体、构建评价指标体系、选择适当的考核方式。其中，构建指标体系在前面的绩效计划部分已有介绍，即通过 BSC 和 KPI 进行指标体系的构建。

3. 整理数据

把在绩效跟进阶段所收集到的数据进行整合与分析，按照考核指标和标准进行界定、归类。在这一过程中，要尽量减少主观色彩，以客观事实和客观标准来进行，以保证最终考核结果的公正、客观。

4. 分析判断

在这一阶段，需要对信息进行重新整合，按照所确定的评价方式对评价对象进行最终的判断。

5. 输出结果

考核结束后，需要得出一个具体的考核结果，考核结果既要包括绩效得分和排名，也应该对绩效结果进行初步的分析，找出优秀或不足的原因，以供后面反馈和改进之用。

（二）绩效考核过程中的关键点

绩效考核是一项系统工程，其中包括多项工作，只有每一项工作都落实到位，考核工作才能有实效。具体而言，主要包含以下四个方面的工作：考核对象的确定、考核内容的确定、考核主体的确定、考核方法的选择。

1. 考核对象的确定

如前所述，在企业中，考核对象一般包括组织、部门和员工三个层面。针对不同的对象，考核内容也会有所不同。绩效计划阶段中所提到的两种绩效考核工具——平衡计分卡和关键绩效指标，很好地将三个层面的绩效考核指标结合了起来。一般来说，企业在绩效管理过程中，应该优先考虑组织层面的考核，然后关注部门层面的考核，最后再关注员工层面的考核。

2. 考核内容的确定

由于本书中所讲的绩效考核，主要是针对员工个人而言，所以这里就以对员工的绩效考核为例，说明考核内容的确定。

根据绩效考核的定义可以发现，考核主要针对三个部分内容：工作能力、工作态度和工作业绩。所以，考核的内容理应包括以上三项。其中，工作能力和工作态度主要是通过胜任素质来考核。我们着重介绍对工作业绩的考核。

所谓工作业绩，也就是员工的直接工作结果。结果在某种程度上体现了员工的工作能力和工作态度。对员工的工作业绩进行评价，可以直观地说明员工工作完成的情况，更重要的是，工作业绩可以作为一种信号和依据，提示员工可能存在的需要提高和改进的地方。一般而言，我们可以从数量、质量和效率三个方面出发，来衡量员工的业绩。但是不同类型的工作的业绩体现也有不同，例如，销售人员和办公室工作人员的业绩就不能用同一套指标和标准来衡量。所以，一定要针对不同的岗位设计合理的考核指标体系，才能科学、有效地对员工的业绩进行衡量。尽可能量化要考核的业绩方面，对实在不能量化的方面，也要建立统一的标准，尽可能客观。考核内容如何确定，各个组织都有大同小异的考核办法，通常情况下考核如下四项指标。

（1）业绩考核（简称"绩"）

业绩考核通称"考绩"，是对员工承担工作的结果或履行职务的结果进行考察与评价。它是对组织成员贡献程度的衡量，是所有工作关系中最本质的考评。它直接体现出员工在企业中价值的大小，与被考评者担当工作的重要性、复杂性和困难程度呈正相关关系。

（2）能力考核（简称"能"）

能力考评是考评员工在职务工作中发挥出来的能力。比如，在工作中判断是否正确、工作中协调能力怎样等。根据被考评者在工作中表现出来的能力，参照标准和要求，对被考评者所担当的职务与其能力是否匹配做出评定。这里的能力主要体现在四个方面：常识、专业知识和其他相关知识；技能、技术和技巧；工作经验；体力。有些组织还在能力考核中加上"潜能"考核，"潜能"是"在工作中没有发挥出来的能力"。而潜能考核就是通过各种手段了解员工的潜能，并找出阻碍员工潜能发挥的原因，以便更好地将员工的潜能发挥出来，进而将潜能转化为员工现实的工作能力。

（3）态度考核（简称"勤"）

态度考评是考评员工为某项工作而付出的努力程度，比如是否有干劲、有热情，是否忠于职守，是否服从命令等。态度是工作能力向业绩转换的中介，在很大程度上决定了能力向业绩的转化。当然，同时还应考虑到工作完成的内部条件和外部条件。态度反映"功劳"和"苦劳"之间的关系，最大限度地使只有"苦劳"的人成为有"功劳"的人，是企业的责任，也是企业有效使用人力资源的诀窍。

（4）德行考核（简称"德"）

德行，指职业道德与工作品行等。

现实中许多组织绩效考核都是考核绩、能、勤、德四个大的方面，并以此展开细分指标加以考核，大都以 100 分制图尺度评价法，分别测算权重并加以计算。

3. 考核主体的选择

考核主体是指对员工的绩效进行考核的人员。由于企业中岗位的复杂性，仅凭借一个人的观察和评价很难对员工做出全面的绩效考核。为了确保考核的全面有效性，在实施考核的过程中，应该从不同岗位、不同层次的人员中，抽出相关成员组成考核主体并参与到具体的考核中来。

（1）选择的基本原则

①最近相关原则

考评主体应与考评客体紧密联系，密切相关，处于观察考评客体工作表现的理想位置。合格的考评主体应当满足的理想条件：熟悉考评客体的工作表现，尤其是本考评周期内，有近距离密切观察考评客体工作的机会；了解考评客体的职务性质、工作内容、工作要求及公司政策；与考评客体的工作高度相关、接触频繁；能将观察结果转化为有用的评价信息。只有符合条件的上级、下级、同事及内外部客户才适宜列入考评主体的选取范围。

②有机结合原则

结合不同考评主体参与考评的优缺点，合理选择考评主体，设置考评内容和考评重点，确定考评权重，形成考评主体的有机组合体系。

③经济可行原则

根据企业实际情况和考评目的，在有效保证考评信度与效度的基础上，合理选取考评主体，力争以最小的成本达到对考评客体客观公正的评价。

（2）不同的考核主体

一般来说，考核主体包括五类成员：上级、同事、下级、员工本人和客户。

①上级

这是最主要的考核主体。上级考核的优点：由于上级对员工承担直接的管理责任，因此他们通常最了解员工的工作情况；此外，用上级作为考核主体还有助于实现管理的目的，保证管理的权威。上级考核的缺点：上级领导往往没有足够的时间来全面观察员工的工作情况，考核信息来源单一；容易受领导个人的作风、态度以及对下属员工的偏好等因素的影响，产生个人偏见。

②同事

同事考核的优点：由于同事和被考核者在一起工作，因此他们对员工的工作情况也比较了解；同事一般不止一人，可以对员工进行全方位的考核，避免个人的偏见；此外，还有助于促使员工在工作中与同事配合。同事考核的缺点：人际关系的因素会影响考核的公正性，与自己关系好的就给高分，不好的就给低分；大家有可能协商一致，相互给高分；还有可能造成相互的猜疑，影响同事关系。

③下级

用下级作为考核主体的优点：可以促使上级关心下级的工作，建立融洽的员工关系；由于下级是被管理的对象，因此最了解上级的领导管理能力，能够发现上级在这方面存在的问题。下级考核的缺点：由于顾及上级的反应，往往不敢真实地反映情况；有可能削弱上级的管理权威，造成上级对下级的迁就。

④员工本人（自我评价）

用员工本人作为考核主体进行自我考核的优点：能够增加员工的参与感，加强他们的自我开发意识和自我约束意识；有助于员工接受考核结果。员工本人考核的缺点：员工对自己的评价容易偏高；当自我考核和其他主体考核的结果差异较大时，容易引起矛盾。

⑤客户

用客户作为考核主体，就是由员工服务的对象来对他们的绩效进行考核，这里的客户不仅包括外部客户，还包括内部客户。客户考核的优点：有助于员工更加关注自己的工作结果，提高工作质量。客户考核的缺点：客户更侧重于员工的工作结果，不利于对员工进行全面的评价；此外，有些职位的客户比较难以确定，不适于使用这种方法。

由于不同的考核主体收集考核信息的来源不同，对员工绩效的看法也会不同。为了保证绩效考核的客观、公正，应当根据不同考核指标的性质来选择考核主体，选择的考核主体应当对考核指标最了解。例如，"协作性"由同事进行考核，"培养下属的能力"由下级进行考核，"服务的及时性"由客户进行考核等。由于每个职位的绩效目标都由一系列的指标组成，不同的指标又由不同的主体来进行考核，因此每个职位的考核主体也有多个。此外，当不同的考核主体对某一个指标都比较了解时，这些主体都应当对这一指标做出考核，以尽可能地消除考核的片面性。

4. 绩效考核法

绩效考核方法主要有七种，包括相对评价法、绝对评价法、三六零度绩效考核、目标绩效考核法、KR 及目标与关键成果法、平衡计分卡（BSC）和关键绩效指标（KPI）法。以下是相关介绍。

（1）相对评价法

通过将个人或团体与一个标准或基准进行比较来评估其相对位置。

（2）绝对评价法

通过将评价对象与客观标准进行比较来确定其在目标基准上的绝对位置。

（3）三六零度绩效考核

从各个角度来了解个人绩效，包括同事评价、上司打分、直接领导评价、自评和客户评价等。

（4）目标绩效考核法

通过自上而下的方式分解和落实总目标，以确保个人绩效符合组织目标。

（5）KR 及目标与关键成果法

明确和跟踪目标及其完成情况，主要目的是明确公司和团队的目标，以及明确每个目标达成的可衡量的关键结果。

（6）平衡计分卡（BSC）

通过财务、客户、内部流程和学习与成长四个维度来衡量组织绩效。

（7）关键绩效指标（KPI）法

将关键指标作为评估标准，将员工的绩效与这些关键指标进行比较。

第二节　薪酬管理

一、薪酬管理概述

（一）报酬的含义及构成

员工因完成工作任务而得到的所有形式的回报统称为报酬，包括内在报酬和外在报酬。

内在报酬（Intrinsic Rewards）是员工因完成工作任务而形成的心理思维形式，对个人而言是内在的，通常是因为参与特定的任务和活动带来心理体验或感受，如工作满意度、事业感、成就（价值）感等。

外在报酬（Extrinsic Rewards）是由组织直接控制和分配，包括货币报酬和非货币报酬。

（二）薪酬的含义及构成

1. 薪酬的含义

所谓薪酬，不同的学者基于不同的领域，不同的科学背景，对薪酬的看法并不相同。薪酬是指雇员作为雇佣关系的一方所得到的货币收入以及各种具体的服务和福利之和。

在经济学上，薪酬是指劳动者依靠劳动所获得的所有劳动报酬的总和，这揭示了薪酬的本质。现在一般意义上，薪酬是指企业对为实现企业目标而付出劳动的员工以法定货币和法定形式定期或不定期支付的一种劳动报酬，也就是指员工在从事劳动、履行职责并完成任务后所获得的回报和答谢。事实上，薪酬是一个比较宽泛的概念，它包含了企业给予员工的多种形式的回报。

本书定义：薪酬是指劳动者依靠劳动从用人单位所获得的各种形式酬劳的总和，是劳动者向用人单位让渡劳动或劳务使用权后获得的报偿，薪酬的本质是因劳动关系的建立而形成的一种交易或交换关系。

薪酬有狭义和广义之分。

狭义的薪酬是指员工从组织中获得的工资、奖金、津贴、红利、股票期权、购物券等以货币或实物形式存在的劳动回报等，可以分为货币薪酬与非货币薪酬。以货币形式支付的部分通常称为工资（wage）、薪水（salary）或薪资等；以非货币形式支付的部分称为员工福利（benefit），如分配食品、服饰、补充保险及奖励住房等。

广义的薪酬除了外在的经济性报酬还包括内在的非经济性报酬，即包括员工所获得的各种经济性报酬、非经济性报酬以及各种具体的服务和福利，其中非经济性报酬指工作满意度、事业成就感、精神方面的嘉奖及培训学习和晋升机会等。

2. 与薪酬的相关概念

（1）工资

工资这一概念在20世纪20年代以前被企业广泛应用，它更多是指根据工作量（例如工作时间长短）而给付的货币性报酬，当时其主要支付对象是从事体力劳动的蓝领工人，且主要部分是基本工资。劳动法中的"工资"是指用人单位依据国家有关规定或劳动合同的约定，以货币形式直接支付给本单位劳动者的劳动报酬，一般包括计时工资、计件工资、奖金、津贴和补贴、延长工作时间的工资报酬及特殊情况下支付的工资等。

（2）薪水

薪水，主要用来指脑力劳动者即白领阶层的收入，它并不是计时工资，而是企业在每一单位时间（例如一个月）后，一次性支付给员工一个相对固定的报酬数额。一般而言，劳力者的收入称为工资，劳心者的收入称为薪水。

3. 薪酬的构成

（1）基本薪酬（基本工资、基础工资）

基本薪酬，即基本工资，也称基础工资，是以员工的职位（职称）层级、岗位的复杂程度与责任大小、岗位的熟练程度与劳动强度以及市场的需求状况等为基准，按照一定的时间周期，定期向员工发放的固定薪酬。基础工资一般有小时工资、日工资、月薪和年薪等形式。在我国大多数组织中，提供给员工的基础工资以月薪形式为主，即每月按时给员工发放基础工资。由于基础工资是基于员工的职位（职称）或技能，可能忽略了员工的个体差异，因此基础工资需要配合其他薪酬形式加以综合运用。

基本工资是相对稳定的报酬部分，保证员工基本生活需要，以职位、能力为标准确定，受企业所处行业、地域、规模、所有制等影响。

（2）绩效工资

绩效工资在针对不同的劳动对象时有不同的说法，针对从事管理工作岗位的员工来说，可叫绩效工资；对从事可以用数据加以量化考核的计件形式的员工来说，可叫计件工资，如生产工人的产品加工数量可以直接用计件工资形式考核其绩效。还有以单位时间价值为考核标准的计时工资，如教师薪酬中的一部分是以授课课时价值为标准考核其绩效工资。所以，这部分报酬是以员工的实际劳动成果或业绩来确定员工薪酬高低的工资制度，也称浮动工资。绩效工资支付的主要依据是根据员工的工作业绩和劳动效率。但在实际操作中，对从事带有一定管理性质岗位员工的绩效量化考核不易操作，除了工人的计件工资外，有一部分员工是根据其平时的工作绩效以及工作效率以综合考核的形式来计算其绩效工资。

（3）奖金

奖金，即奖励性薪酬。奖金是组织对雇员超额劳动部分或卓越贡献所支付的员工工资以外的奖励性报酬，也是企业为了鼓励员工提高劳动生产率和工作质量付给员工的货币奖励，所以也称"效率薪酬"或"刺激薪酬"。奖金的支付对象是正常劳动以外的超额劳动，随工作绩效而变动，只支付给那些符合奖励条件的企业员工。因此，与基本工资相比，奖金具有非常规性、浮动性和非普遍性的特点。

（4）津贴与补贴

津贴与补贴是对员工在非常情况下工作所支付的额外劳动消耗和生活费用以

及对员工身心健康所给予的补偿。

①津贴

津贴是企业对员工在特殊劳动条件下所付出的额外劳动消耗和生活费用开支的一种物质补偿形式。具体有以下三类：

第一类是为了补偿职工在某些特殊劳动条件岗位劳动的额外消耗而建立的岗位性津贴。职工在某些劳动条件特殊的岗位劳动，需要支出更多的体力和脑力，因而需要建立津贴，对这种额外的劳动消耗进行补偿。这种类型的津贴具体种类最多，使用的范围最广。

第二类是为了补偿职工在某些特殊的地理自然条件下生活费用的额外支出而建立的地区性津贴，如林区津贴、地区生活费补贴、高寒山区津贴、海岛津贴等。这类津贴一般是由国家或地区、部门建立的。

第三类是为保障职工实际工资收入和补偿职工生活费用的额外支出而建立的保障生活性津贴，如副食品价格补贴、肉价补贴、粮价补贴等。这类补贴具体种类不多，主要是由国家或地区、部门建立的。

②补贴

补贴是依据员工的职务高低而享有企业给予的一种物质补偿形式，包括住房补贴、交通费用补贴、通信费用补贴、交际应酬费用补贴等。

③津贴与补贴的区别

通常把与工作相联系的补偿称为津贴，指对职工在特殊劳动条件、工作环境中的额外劳动消耗。例如，岗位津贴：加班津贴、林区津贴、艰苦生活津贴、高寒地区津贴等；劳动性津贴：高温作业津贴、井下作业津贴、夜班津贴、警员津贴等；特殊津贴：政府特殊津贴、博士津贴、博导津贴等。

通常把与生活相联系的补偿称为补贴，是指对职工生活费用额外支出的补偿。例如，住房补贴、伙食补贴、肉食补贴、副食补贴、煤气补贴等。

（5）福利

福利是指企业为了保障员工的基本生活而对员工提供经济上的帮助和生活上的便利，以补充员工基本的、经常的、共同的或特殊的生活而采取的福利措施和举办的福利事业的总称。福利分为强制性福利和企业自愿性福利。强制性福利主要包括社会保险、法定假日及劳动安全三个方面，企业自愿性福利是指企业根据自身的条件、势力和特点，有目的、有计划、有针对性地设置的福利项目，如免费工作餐、物资分配、内部优惠商品或服务等。

（三）薪酬的作用

薪酬的作用是薪酬的本质体现，具有宏观与微观两个层次。在宏观层次上，薪酬分配从属于国民经济分配，在国民生产总值中占有很大比重，是社会生产的重要环节，薪酬水平过高或过低都不利于市场经济的发展以及人民生活水平的提高，有时甚至还会威胁到社会的正常秩序。如果薪酬标准支付过高，会对产品成本构成较大影响，当薪酬的增长普遍超过劳动生产率的增长时，还会导致成本推动型的通货膨胀，从而影响人民的正常生活水准，若成本推动型的通货膨胀引发虚假过度需求，则会形成"泡沫经济"，加剧经济结构的非合理化。在微观层次上薪酬的作用主要体现在企业和员工两个方面。

1. 对企业的作用

（1）配置作用

薪酬是企业人力资源配置的有效杠杆。薪酬作为劳动价格信号，调节着劳动力的供求和流向。只有公平合理的薪酬制度才能为企业吸引优秀的人才，不同的员工对企业的价值和重要性是不同的，企业80%的利润来自20%的优秀员工。只有优秀人才的加入，才能增强企业的核心竞争力。另外，企业员工的配置还体现在企业内部人力资源的流动上，企业内部人员往往会流动到薪酬水平较高的部门和岗位。无论是企业外部人力资源的流入，还是企业内部人力资源的流动，都满足了企业对人力资源数量、质量和层次上的需要，体现了薪酬的配置作用。

（2）塑造作用

打造企业文化是推动企业健康发展的精神源泉，也是企业的灵魂。而薪酬文化是企业文化的重要组成部分，它突出体现了企业独特的价值分配取向，是企业文化与薪酬管理实践相结合的产物。它是在企业长期的薪酬管理实践中所形成的，并为全体员工所共同遵守的价值分配观念、道德规范等。因此，薪酬对企业文化起到了塑造作用。

（3）战略导向作用

随着人力资源管理从战术层向战略层转变，作为现代化人力资源管理的核心模块，薪酬分配也向战略化方向发展。薪酬战略源于企业核心价值观和经营战略目标。它要求企业在设计薪酬体系时，必须从企业战略的角度进行分析，制定的薪酬政策和制度必须体现企业战略发展的要求。企业的薪酬不只是一种制度，更是一种机制。

2. 对员工的作用

（1）补偿作用

劳动是经济学中重要的投入品之一，而薪酬是对劳动的定价。无论是从事何种劳动，都需要消耗一定的体力和脑力；而为了能使劳动得以延续，必须使消耗得到应有的补偿，补偿的办法是给予劳动者恢复其体力和脑力所必需的生活资料。而对于以交换劳动作为主要收入的雇员来说，薪酬是维持自身及其家庭生活的主要经济来源。员工所获薪酬至少要能够保证其自身和其家庭成员生活与发展的需要，否则会影响员工的基本生活，影响社会劳动力的生产和再生产。目前，许多国家和地区一般都通过最低工资保障制度来实现和维护薪酬这一基本功能。当然，薪酬的补偿作用不能简单地等同于这种基本的保障功能，还应体现在它的按劳取酬与多劳多得。

（2）激励作用

人在没有科学激励的前提下，只能发挥其能力的 20%～30%，而在合理、高效的激励后，则能发挥其能力的 80%～90%。也就是说，一个人被充分激励后所发挥的作用相当于激励前的 3～4 倍。可见，激励是管理的核心。当员工在工作环境、工作条件、工资、福利、管理制度、监督、人际关系等方面都得到满足后，就会消除人们的不满，消除人们的消极怠工，起到有效的激励作用。在薪酬结构中的绩效工资就是一种主要的激励性报酬，它直接体现雇员个体的劳动业绩，在许多情况下，员工会将薪酬的水平高低看成自身能力、地位、自尊和自我价值实现的象征。一是通过薪酬水平在一定程度上体现其工作业绩、专业水平和能力，表明雇员在组织中的地位；二是反映雇员得到企业或上司的认可程度和满足雇员自身的工作成就感等；三是通过薪酬水平的变动最大限度地调动雇员的劳动积极性和主观能动性。

（3）调节作用

薪酬管理通过对员工收入的调整强化其劳动行为，即引导员工做出与公司目标一致的行为。同时，通过薪酬也可体现企业关心员工、保护员工、体恤员工，从而调节与培养员工的主人翁责任感以及社会责任感，并且使员工对企业产生一种信任感、归属感或依恋感，形成一种良好的组织氛围与企业文化。

薪酬是社会成员生活收入的主要经济来源之一，是社会进步与文明的指示器。人们可以通过薪酬的变动或变化，发现并了解社会不同层面的经济收入状况与水平，反映不同社会群体的差异程度及不同国家或地区的不同文化与分配制度（机制）。同时，也可看到城乡之间，区域之间，行业之间，不同文化、教育、年龄和性别等特征的群体之间的薪酬差异和影响等，更反映出一个社会的公平和进步程度。

（四）薪酬管理的模式

薪酬管理是现代人力资源管理的组成部分，也是企业高层管理者以及所有员工最关注的内容，它与人力资源管理其他职能模块相互影响、相互制约。薪酬管理的状况直接关系到企业人力资源管理的效果，对企业的整体绩效产生影响。随着薪酬管理战略地位的提升，它已经与企业发展和人力资源开发战略紧密地联系在一起。

1. 结构分析

薪酬结构体系中的各个部分，如基本工资、绩效工资、奖金、津贴与补贴以及福利的刚性和差异性都有所不同。

（1）基本工资

处于第一象限，具有高差异性和高刚性。在企业内部，说明员工之间基本工资差异明显，而且是带有刚性的，且一般只升不降。

（2）绩效工资和奖金

处于第二象限，具有低刚性和高差异性。它说明员工的这部分薪酬不是刚性规定的，而是随员工的业绩好坏、工作情况优劣、贡献大小等情况而定，因而差异性大，而且是随着情况的变化而不断变化，故呈低刚性。

（3）津贴与补贴

处于第三象限，具有低差异性与低刚性。因为它是随着企业效益、工资水平、物价水平等客观环境因素的变化而做出相应调整甚至取消，因而具有低刚性。而且这种薪酬一旦作为一种制度或规定确定下来，在相同工作环境和条件的情况下，企业员工一般都享有相同水平的补偿，因而具有低差异性。

（4）福利

处于第四象限，即只要是够基本条件的企业员工人人都可以或应该享受该利益，故具有低差异性、高刚性。

2. 典型管理模式

员工的薪酬设计，其实就是将上述几个组成部分有机地组合起来，以各个部分薪酬水平在总体薪酬中所占的比重不同来确定其薪酬设计模式，一般情况下有如下三种典型管理模式。

（1）高弹性模式

该模式中，员工薪酬的主要组成部分是依据员工在考核期内的业绩状况，即薪酬水平会随员工考核期内绩效情况的好坏而发生相应变化。在这种模型下，绩效工资和奖金的比重比较大，甚至在基本工资中拿出一部分与绩效工资挂钩，如生产工人的计件工资制，销售人员的销售收入到款提成工资制等。以这种考核制度作为计算依据的薪酬管理模式弹性大，但激励性强。

（2）高稳定性模式

该模式中，员工的薪酬主要取决于企业的经营状况及员工职位职称的层次、岗位的复杂程度、岗位的责任大小及工龄的长短等因素，与个人绩效关系不大。员工的个人经济收入相对稳定，薪酬主要体现在基本工资部分，绩效工资和奖金在总体薪酬中所占的比重较轻。这种模式虽有较强的稳定感、安全感，但严重缺乏激励作用，难以调动员工的劳动积极性。

（3）折中模式

该模式中，企业既能不断激励员工提高业绩，发挥其工作积极性，实现多劳多得，又能给予员工一定的稳定性和安全感。特别是对从事一些风险性、挑战性较高的工作的员工能提供一些基本的安全薪酬保证，以激励该类员工毫无顾虑、积极努力地工作，创造出优良的工作业绩。这是一种较为理想的薪酬管理模式。

（五）薪酬管理的原则

1. 公平性原则

员工对于自己所得的报酬，不仅关心其绝对数量，更重要的是考虑其相对数量，他们会将自己的付出或做出的贡献与所得报酬进行比较，同时也将自己的收入付出比率与相关他人的收入付出比率进行比较。如果员工感觉到自己的付出和报酬水平不对等或自己的收入与付出比率与相关他人的收入付出比率不对等，则认为不公平。如果使员工觉得二者有不公平感，就不仅起不到报酬所能发挥的激励作用，还可能会因此影响其工作积极性，降低工作与劳动效率，造成紧张的人际关系。因此，薪酬分配应尽量做到公平合理，特别是不要人为地制造一些不公平不合理的分配现象。当然，绝对的公平在实际的操作中很难完全做到，但至少不能在分配管理制度或人治因素上制造出不公平因素。

薪酬的公平性可以从以下两个方面来考虑。

（1）外部公平性

外部公平性指同一行业或同一地区或同等规模的不同企业中相同（类似）的职位（工作岗位）的薪酬应当基本一致，这实际上是组织（企业）招揽和吸引人才的重要手段。

（2）内部公平性

内部公平性指在组织（企业）内部，不同职务所获取的薪酬应与其从事的工作岗位所要求的技能、知识、经验或能力相匹配，如没有多大差别，且贡献或业绩相当，所获取的报酬也应该基本一致。员工薪酬的差别性是由工作的复杂程度、技能知识水平、责任大小、贡献或业绩大小来决定的，通过以这种正常的差异来体现薪酬的公平原则。

2. 激励性原则

企业薪酬分配制度应该要做到按劳分配、多劳多得，即做到按绩定薪、奖勤罚懒、奖优罚劣。薪酬水平要适当拉开距离，工资结构也应该有一定的弹性，努力促使组织（企业）的薪酬分配能充分体现员工在德（品德修为）、能（能力作为）、勤（勤奋认真）、绩（业绩或效果）等方面的真实情况，这样才能真正激发员工的工作积极性，提高劳动效率。

3. 经济性原则

在制定薪酬分配政策时固然要考虑薪酬水平的竞争性和激励性，但同时还要充分考虑企业自身发展的特点和承受能力。员工的报酬是企业生产成本的重要组成部分，过高的薪酬水平必然会导致人力成本的上升、企业利润的减少。所以，如何制定一个既有激励性又可确保企业正常运作的企业薪酬分配制度是每一个管理者与决策者应认真思考分析、正确决策的重大课题。

4. 合法性原则

为了维持社会经济的持续稳定发展，维护劳动者应取得合法的劳动报酬和必须拥有的劳动权益，企业薪酬分配制度必须符合国家的有关政策与法律。

（六）薪酬的计量形式

薪酬就其计量形式而言，可分为计时工资和计件工资两类基本计量形式，其他工资形式都是它们的转化或组合形式。

1. 计时工资

计时工资是依据员工的劳动时间来计量工资的数额。根据时间单位的不同，计时工资又分为小时工资制、日工资制、周工资制、月工资制、年薪制等。

计时工资是根据劳动者投入的时间、努力的程度以及劳动价值体现的高低为基础的报酬形式，与产量（工作量）没有直接的关系。对一些劳动者的劳动投入不容易计算的工作岗位，最常见的计量标准就是依据工作所消耗的时间。计时工资计量标准相对统一，较易管理，雇员的收入相对稳定。除年薪制有一定比例的风险收入以外，其余计时工资的风险比较小，但激励水平比较低，对企业而言实施计时工资的风险比较大。故现在许多企业对高层管理人员的高薪酬计算办法，大多采用年薪制的计时工资，尽管年薪制也是一种以消耗劳动时间为基础的计时工资形式，但相对其他计时工资形式，它的风险收入部分通常占的比例偏大。在年薪制中，按月发放的基本薪酬是保障劳动者的基本生活需求，而风险部分的薪酬则要实行年终结算，并通过切实可行的绩效考核体系来较好地反映劳动者的贡献与业绩，以此确定其报酬。

计时工资的适用性强，实行范围广泛，任何部门、单位和各类工种、岗位均可采用。其中，最适用的行业、企业、工种或岗位如下：

（1）机械化、自动化水平较高、技术性强、操作复杂，产品需要经过多道工序、多次操作才能完成，不易单独计算个人的劳动成果的行业及工种或岗位。（2）劳动工作量不便于计量统计的企业行政管理人员和技术人员等。（3）劳动成果难以直接反映员工的技术水平和业务能力的工作，如基础研究和实验性生产工作等。

2. 计件工资

计件工资是依据员工生产合格产品的数量或完成一定的工作量来计量工资的数额。计件工资的形式可根据具体的生产性质和特点来进行选择，一般可分为个人计件和集体计件两种形式。

（1）计件工资的优点

①计件工资准确地反映了员工的实际工作付出，员工对自己所付出的劳动与能获得的劳动报酬心中有数，因此员工容易产生公平感和自主感。②计件工资的实行，有助于促进企业经营管理水平的提高。因为计件工资在实行过程中要求企业在产品质量、劳动定额、物资供应、各种统计资料、各部门分工协作以及新产品的开发研究等方面均应有比较配套的、健全的管理机制和管理手段，使整个管理过程具有可操作性，这些要求迫使企业必须不断提高综合管理水平，以不断适用管理上的需要。③计件工资收入直接取决于劳动者在单位时间内生产合格产品数量的多少。因此，这种计件形式的工资制度可以极大地激励员工的劳动积极性，促使员工不断学习，努力提高技能水平和劳动熟练程度，提高工时效率，强化劳动自觉性。

（2）计件工资的缺点

①对工资的高额追求可能会引起员工忽视产品质量，而一心追求个人的高产量或高效率。同时，员工也不愿意因企业引进新技术、新设备或先进的管理方法而提高他们的劳动定额。②计件工资实行的前提是员工的工作业绩能够准确计量，在实际考核中要求操作性强。因此，它的适用范围没有计时工资广泛，主要应用于生产一线的操作工人或销售一线的销售人员。

二、员工福利

（一）福利的含义

员工福利是企业基于雇佣关系，依据国家的强制性法令及相关规定，以企业自身的支付为依托，向员工所提供的用以改善其本人和家庭生活质量的各种以非货币工资和延期支付形式为主的补充性报酬与服务。通俗地说，福利就是除了工资、奖金以外向员工个人及家庭所提供的货币、实物和服务等一切待遇。员工福利也可分为社会性福利和企业内部福利。

社会性福利通常指国家政府和法律法规所规定的、强制性的基本福利制度，即法定福利。例如，社会保险（包括养老保险、医疗保险、失业保险、工伤保险、生育保险等），法定假期（包括法定节日、公休假日、带薪年休假、婚丧假等），住房公积金等。

企业内部福利是指企业根据自身的条件与能力在内部设定的附加福利，以满足员工更高层次的生活需求。企业内部福利主要包括企业补充养老保险、健康医疗保险、健康人寿保险、住房或购房支持计划、员工服务福利和其他补充福利等。

（二）福利的基本特点

在实际生活中，福利薪酬往往难以产生较为理想的激励效果。大部分福利是一种"大锅饭"性质的薪酬。它们通常不考虑福利薪酬接受者的绩效，而是组织内的员工人人有份。因此，福利相对其他薪酬来说有其自身的特点。

1. 针对性

企业为员工提供的福利一般具有明显的针对性。如集体宿舍、接送员工上下班的交通车都是用于满足员工的某一特定需求而设定的。

2. 补偿性

福利是对员工为企业提供劳动的一种物质补偿，也是员工薪酬收入的补充分配形式，它只起到满足员工有限生活需求的作用。

3. 均等性

福利与工资、奖金不同，它不是以员工对企业的相对价值或自身业绩为基础，而只要是符合享受条件的企业员工，不管是谁都可以享受。

4. 强制性

企业的法定福利是国家依法强制实施的对员工的社会保护政策，被保险人必须参加，承保人（企业）必须接受，没有讨价还价的余地。

5. 凝聚性

福利形式大都以员工集体消费或共同使用的公共物品为主要形式，因此，员工在享受集体性福利的需求之外，自身还可以感受到团队的关怀和帮助，从而对企业会产生一种归属感、安全感或团队意识感，由此增强团队凝聚力。

（三）福利的基本类型

1. 法定福利

（1）社会保险（简称"五险"）

社会保险是国家通过立法手段建立的，为保障劳动者在遭遇年老、疾病、伤残、失业、生育及死亡等风险和事故，暂时或永久性地失去劳动能力或劳动机会，从而全部或部分丧失生活来源的情况下，能够享受到社会给予的物质帮助，维持其基本生活水平的社会保障制度。

社会保险主要包括以下五大险种：

①养老保险

养老保险是国家为劳动者或全体社会成员依法建立的老年收入保障制度。当劳动者或社会成员达到法定退休年龄时，由国家或社会提供养老金，保障退休者的基本生活。目前，世界各国的养老保险制度大体可以分为三种模式：普遍保障模式、收入关联模式和强制储蓄模式。

②医疗保险

医疗保险是由国家立法、按照强制性社会保险原则，由国家、用人单位和个人集资（缴保险费）建立的医疗保险基金，当个人因病接受医疗服务时，由社会医疗保险机构提供医疗费用补偿的社会保险制度。狭义的医疗保险只负责医疗费的补偿。广义的医疗保险，则除了补偿医疗费用以外，还包括补偿因疾病引起的误工工资，对分娩、残疾及死亡给予经济补偿，用于预防和维持健康的费用。目前，我国的医疗保险制度属于狭义的概念，即只按规定负责补偿医疗费用的开支。

③失业保险

失业保险是国家以立法形式，集中建立失业保险基金，对因失业而暂时中断收入的劳动者在一定期间提供基本生活保障的社会保险制度。

④生育保险

生育保险是国家通过立法，筹集保险基金，对生育子女期间暂时丧失劳动能力的职业妇女给予一定的经济补偿、医疗服务和生育休假的社会保险制度。生育保险一般包括产假、生育津贴、生育医疗服务等。

⑤工伤保险

工伤保险是国家立法建立的，对在经济活动中因工伤致残或因从事有损健康的工作患职业病而丧失劳动能力的劳动者，以及对职工因工死亡后无生活来源的遗属提供物质帮助的社会保障制度。在世界范围内，工伤保险是产生最早、实施国家最多、制度设计最严密的社会保障制度，这是因为工伤保险关系到职工的生命安全与家庭幸福。

（2）住房公积金（简称"一金"）

职工个人缴存的住房公积金和职工所在单位为职工缴存的住房公积金属于职工个人所有。住房公积金应当用于职工购买、建造、翻建、大修自住住房。没有动用的公积金或公积金账户余额在员工退休时按规定返还给职工。

2. 法定假期

法定假期是企业职工依法享有的休息时间。在法定休息时间内，职工仍可获得与工作时间相同的工资报酬。我国劳动法规定的法定假期主要包括以下三个方面：

（1）法定节日

法定节假日，又称为法定休假日，是国家依法统一规定的休息时间。我国目前的法定节假日包括：元旦，放假1天；春节，放假3天；劳动节，放假1天；国庆节，放假3天；清明节、端午节、中秋节各放假1天，共计11天。

（2）公休假日

公休假日是劳动者工作满一个工作周后的休息时间。

（3）带薪年休假

国家实行带薪年休假制度。劳动者连续工作 1 年以上的，享受带薪年休假。具体办法执行《职工带薪年休假条例》。

3．企业福利

（1）企业补充养老保险

社会基本养老保险制度虽然覆盖面宽，但收入保障水平较低。随着我国人口老龄化加剧，国家基本养老保险负担过重的状况日趋严重，补充养老保险开始成为企业建立的旨在为其员工提供一定程度退休人员收入保障的养老保险计划。

（2）健康医疗保险

健康医疗保险的目的是减少当员工生病或遭受事故时本人及其家庭所遭受的损失。企业通常以两种方式提供这种福利：集体投保或加入健康维护组织。

（3）集体人寿保险

人寿保险是市场经济体制国家的一些企业所提供给员工的一种最常见的福利。大多数企业都是为其员工提供团体人寿保险。

（4）住房或购房计划

除了住房公积金之外，企业为更有效地激励和留住员工，还采取其他多项住房福利项目支持员工购房，如住房贷款利息给付计划、住房津贴等。

（5）员工服务福利

企业根据自身的条件及需要，扩大了福利范畴，通过为员工提供各种服务来达到激励员工，稳定员工的目的。例如，给员工援助服务；给员工再教育补助；给员工提供健康服务；等等。

（6）其他补充福利

其他补充福利有交通费补贴、节日津贴、子女教育辅助计划、独生子女补助费等形式。

三、薪酬体系设计

（一）基本薪酬制度

薪酬制度或薪酬体系是组织实现战略的工具。它是薪酬管理的前提和基础，也是薪酬管理的重要内容之一。所谓薪酬制度，是依照国家法律、法规和政策的规定，为规范薪酬的分配而制定的各种政策、标准和实施方法的总称。薪酬制度具有广义和狭义之分，广义的薪酬制度包括等级薪酬制度、薪酬分配制度、薪酬调整制度、薪酬定级升级以及各种薪酬形式。而狭义的基本薪酬制度是当前国际上通行的薪酬制度（体系），主要包括职位型基本薪酬制度、技能型基本薪酬制度、绩效型基本薪酬制度以及组合型基本薪酬制度。

1. 职位型基本薪酬制度

职位型基本薪酬制度，简称职位薪酬制度或职位薪酬体系，它通过职位评价确定职位的相对价值，并结合市场薪酬状况，为员工支付薪酬。职位薪酬制度鼓励员工通过职位晋升来获得更多薪酬。20 世纪 90 年代以来，在全球化、市场化、信息化的大背景下，企业组织结构设计出现了扁平化的发展趋势，表现为组织管理层级减少，管理幅度增大。扁平的组织结构越来越多地取代了传统等级森严的金字塔结构，这样使职位薪酬制度受到了挑战。因为职位晋升通道变得相对有限，但是完全基于职位的薪酬制度很少，往往加入了员工技能、绩效等因素，或是在同一级别职位中增加了不同的档次。

（1）职位薪酬制度的优点

①薪酬分配相对公平，因为职位薪酬制度建立在规范的工作分析基础之上，工作内容、责任及权利明确，通过职位评价，确保了薪酬分配的内部公平。通过对职位展开有针对性的市场薪酬调查，可以实现薪酬分配的外部公平。②简明易懂，可操作性强。因为简明易懂的薪酬制度，密切了上下级之间的关系，增大了薪酬分配过程中的透明度，有利于员工了解自己的劳动所得，并且降低了薪酬制度在实施过程中的执行难度。

（2）职位薪酬制度的适应范围

职位薪酬制度主要适用于外部环境相对稳定，内部职位级别相对多的企业，针对的是这类企业的过程导向性职位，其典型特点是能力或绩效反映并不十分明显，如各种管理类职位。

2. 技能型基本薪酬制度

随着科学技术发展日新月异，专业化分工程度越来越高，出现了技能型基本薪酬制度，简称技能薪酬制度，又称能力薪酬体系。技能薪酬制度是根据员工所具有的技能水平而向员工支付薪酬，所以不同的技能等级有不同的薪酬支付标准。

（1）技能薪酬制度的优点

①技能薪酬制度提倡持续学习。它鼓励员工根据企业要求不断掌握新的知识和技能。②技能薪酬制度扩大了员工的技能领域，在人员配置方面给企业提供了很大的灵活性，削弱了由部分员工的不可替代性给企业生产带来的负面影响。③掌握多种技能的员工可以扩展和丰富自己的工作内容。④技能薪酬制度为把决策权授予那些最具有知识技能水平的员工提供了基础。

（2）技能薪酬制度的适用范围

技能薪酬制度主要适用于员工技能与组织绩效相关性较强的企业，如企业中的技术工人、专业技术管理者等技能型岗位人员。

3. 绩效型基本薪酬制度

绩效型基本薪酬制度，简称绩效薪酬制度或绩效薪酬体系，与绩效型辅助薪酬制度是不同的。前者是基本薪酬的一种形式，存在薪酬等级且长期稳定，而后者是一种辅助薪酬形式，它只对个人工作业绩突出的一部分给予一定的奖励。绩效薪酬制度核心部分是建立科学合理的绩效评估体系，准确区别不同的员工绩效，并据此确定员工薪酬。

（1）绩效薪酬制度的优点

①协调了个人与组织目标。做到了组织目标与个人目标的协同发展，达到了"互惠双赢"。②激励效果明显。通过实施员工个人绩效与薪酬挂钩的薪酬制度，极大地调动了员工的工作积极性，可以带来明显的激励效果。③实施成本低。由于广大员工的劳动积极性的提高而带来了组织整体工作绩效的提高，可以有效地降低企业的人工成本。

（2）绩效薪酬制度的适用范围

绩效薪酬制度主要适用于组织中那些工作效果明显，业绩较易量化的职位或员工，且薪酬制度极具操作性。如生产计件产品的员工和以销售额计算薪酬的员工等。

4. 组合型基本薪酬制度

组合型基本薪酬制度，简称组合薪酬制度或组合薪酬体系。因为上述几种基本薪酬制度，或基于职位，或基于技能，或基于绩效，这些薪酬制度往往注重影响员工薪酬的某一方面，难以兼顾其他。事实上，以上这些薪酬制度都可能有它的局限性，故在企业制定薪酬制度、设计薪酬体系时，不妨以某一种薪酬制度为主，同时统筹兼顾其他一些薪酬制度的因素。例如，以职位薪酬制度为主，同时兼顾考核员工的绩效或考核员工的技能水平，这样会使薪酬制度更具科学性、合理性。这种薪酬制度形式通常被称作组合型基本薪酬制度。它将薪酬分解成几个相对独立的薪酬单元，根据劳动特性，科学合理地确定员工薪酬。

组合薪酬制度的薪酬构成并无固定形式，通常情况下由以下几个方面的薪酬构成：即基础薪酬、职位薪酬、技能薪酬、绩效薪酬、年功薪酬、学历职称薪酬等。

（1）组合薪酬制度的优点

①职能全面

不同企业，其组合薪酬的构成要素是不同的，但在通常情况下，它可由基础薪酬、职位薪酬、绩效薪酬、技能薪酬、年功薪酬、学历职称薪酬等两种或两种以上的薪酬单元构成，这样可以保证员工各个方面的付出都能在薪酬上得到体现。

②调整灵活

组合薪酬制度通常无固定模式，即使薪酬单元是相同的，但各薪酬单元之间的比例是可以不同的。这有利于合理协调各类员工的薪酬关系，调动员工的劳动积极性。而且这样的薪酬结构比较灵活，适应性强，能够增强与提升企业核心竞争力。

（2）组合薪酬制度的适用范围

组合薪酬制度的适用范围十分广泛，适用于各类企业，但不同类型企业在选择以何种薪酬单位为主、以何种为辅，在设计薪酬单元权重或薪酬要素比例时，应根据不同情况不同对待，并要充分体现不同企业的生产与经营特点。

（二）薪酬水平设计策略

一般情况下，薪酬水平设计策略有如下几种：

1. 领先型薪酬策略

领先型薪酬策略是采取本企业的薪酬水平高于竞争对手或市场的薪酬水平的策略。这种薪酬策略以高薪为代价，在吸引和留住员工方面都具有明显优势，并且将员工对薪酬的不满降到一个相当低的程度。

2. 跟随型薪酬策略

跟随型薪酬策略是力图使本企业的薪酬成本接近竞争对手的薪酬成本，使本企业吸纳员工的能力接近竞争对手吸纳员工的能力。跟随型薪酬策略是企业最常用的策略，也是目前大多数企业所采用的策略。

3. 滞后型薪酬策略

滞后型薪酬策略是采取本企业的薪酬水平低于竞争对手或市场薪酬水平的策略。采用滞后型薪酬策略的企业，大多处于竞争性的产品市场上，边际利润率比较低，成本承受能力很弱。受产品市场上较低的利润率所限制，没有能力为员工提供高水平的薪酬，是企业实施滞后型薪酬策略的一个主要原因。当然，有时候，滞后型薪酬策略的实施者并非真的没有支付能力，而是没有支付意愿。

4. 混合型薪酬策略

混合型薪酬策略，是指企业在确定薪酬水平时，根据职位的类型或者员工的类型分别制定不同的薪酬水平决策，而不是对所有的职位和员工均采用相同的薪酬水平定位。比如，有些企业针对不同的职位族使用不同的薪酬决策，对核心职位族采取市场领袖型的薪酬策略，而在其他职位族中实行市场追随型或相对滞后型的基本薪酬策略。

此外，有些企业还在不同的薪酬构成部分之间实行不同的薪酬政策。比如，在总薪酬的市场价值方面处于高于市场的竞争性地位，在基本薪酬方面处于稍微低一点的拖后地位，同时在激励性薪酬方面则处于比平均水平高很多的领先地位。

（三）薪酬体系设计流程

科学合理的薪酬体系是企业人力资源管理的一项重要工作，薪酬设计的理念在于做到"对内具有公平性，对外具有竞争性"。薪酬设计牵涉的因素很多，一般而言，企业要建立的是一种既能让大多数员工满意，又能确保企业利益的互利双赢薪酬设计模式。

1. 明确企业薪酬战略

在既定的企业总体战略之下，企业需要制定的战略性薪酬决策一般包括以下内容：（1）薪酬管理的目标是什么？如何支持企业战略的实施？如何调整薪酬战略以适应企业经营的需要？（2）如何达成组织薪酬的内部协调一致性？（3）如何适应组织外部市场的竞争性，即企业如何根据劳动力市场的薪酬水平定位本企业的薪酬水平？（4）如何通过薪酬水平客观地反映员工的劳动绩效？（5）如何设计与管理薪酬体系？（6）如何提高薪酬成本有效性？

2. 职位分析与职位评价

职位分析是人力资源管理的基础工作，即科学编制或设计企业的组织结构图和组织系统内所有职务工种的职责与职权以及不同业务工作的说明、要求、标准等文件，并以货币金额显示每一职务或工种在本组织中的相对价值。职位分析使我们了解了各种职务或工种的特点及其对员工的要求，但还不能回答怎样为这些职务工种制定报酬系统。因此，制定公平合理的报酬体系是非常重要的薪酬管理手段。现在比较通行的办法是依据员工的职位、能力和绩效支付薪酬。这里的基础是以员工工作职位或岗位来决定薪酬水平。所以，很多人士比较重视职位或岗位的市场薪酬水平，认为按照市场的薪酬水平来决定企业薪酬水平的高低比较公平合理。事实上，任职者所感受到的公平合理，一方面，来自外部市场上同类职位薪酬水平相比较的结果；另一方面，则来自内部同类同级别职位人员的薪酬水平的比较。因此，我们不仅要关注职位的绝对价值，还要关注职位的相对价值，而职位的相对价值则要通过职位评价来确定。职位评价是职位分析的必然结果，同时又以职位说明书为依据，即职位评价就是要评定职位的价值，制定职位的等级，以确定工资收入的计算标准。因此，职位评价的对象是职位，而非任职者。

职位评价反映的是职位的相对价值，而不是绝对价值。

3. 薪酬调查分析

薪酬调查分析主要是调查分析本行业本地区尤其是主要竞争对手的薪酬状况，以保证组织薪酬制度的内部和外部公平合理性。故组织首先要进行全面的企业内部薪酬满意度调查，以了解企业内部的薪酬现状及发展需求，做到发现问题、弄清原因、明确需要，确保薪酬体系设计的客观性与科学性；同时，还要对同类同行企业的外部薪酬水平状况做深入细致的调查。但由于这些调查对象一般都是竞争对手，且薪酬制度往往被其视为企业的商业机密，故一般不愿意提供实质性的调查资料。所以，薪酬市场调查分析一般会比较困难，需要企业从多方面、多渠道进行，直接或间接地搜集调查资料。

薪酬调查分析的主要内容一般包括以下三个方面。

（1）目标企业的薪酬政策

薪酬的策略，是控制成本还是激励或吸引员工？薪酬管理模式是高弹性、稳定性模式还是折中式模式？薪酬的其他政策，包括加班费计算、试用期限及薪酬标准等。

（2）薪酬的结构信息

企业职位或岗位的组织结构体系设计，薪酬等级差，最高等级与最低等级差，薪酬的要素组合，即基本工资与浮动工资的比例，货币工资与福利工资的比例，绩效工资的设计等。

（3）薪酬的纵向与横向水平信息

基本薪酬信息，可变薪酬信息及福利薪酬信息等。

4. 现有薪酬体系诊断

在调查了解的基础上进行分析和诊断，明确改革方向和设计目标。薪酬体系的诊断主要包括以下六个方面。

（1）明确本企业所处的发展阶段。（2）提出初步适应当前经营状况的企业薪酬组成和支付方式，确定薪酬弹性幅度等。（3）确定本企业当前最关键的工作职位（岗位）和关键职位（岗位）上的人员供需目标。（4）企业组织结构和各类人员组成分布是否适应企业发展战略，确定组织结构再造和各类员工数量增减的方向和目标。（5）明确薪酬政策应向何种工作岗位、何类员工倾斜，确定当前应激励什么、约束什么。（6）提出适应本企业发展阶段的劳动力成本在企业总成本（含费用）中的比例范围。

5. 确定薪酬结构和水平

通过职位分析与评价，可以表明每一个职位（岗位）在企业相对价值的顺序、等级。工作的完成难度越大，对企业的贡献越大，其重要性就越大，这也就意味着它的相对价值越大。通过薪酬调查以及对组织内、外部环境的分析，可以确定组织内各职位（岗位）的薪酬水平。规划各个职位（岗位）的薪酬幅度起薪点和顶薪点等关键指标。要使工作的相对价值转换为实际薪酬，需要进行薪酬结构设计。

薪酬结构是指工作的相对价值与其对应的工资之间保持的一种关系。这种关系不是随意的，是以服从某种原则为依据，具有一定的规律，通常这种关系用"工资结构曲线"来表示。

6. 薪酬分级和定薪

绘制好组织薪酬结构曲线以后，从理论上讲，基本薪酬的设计也就结束了，按照职位评价的结果，通过薪酬结构曲线就可以确定每个职位的基本薪酬水平。但在实践中，这种做法不太现实，尤其是当企业的职位数量比较多时，如果针对每个职位设定一个薪酬标准，会大大提高企业的管理成本。因此，在实际操作中，还需要在薪酬的每一标准内增设薪酬等级，即在众多类型工作职位的薪酬标准内再组合成若干等级，形成一个薪酬等级标准系列。通过职位评价点数的得分高低与薪资分级标准对应，可以确定每一个职位工作的具体薪酬范围或标准，以确保职位薪酬水平的相对公平性。

7. 薪酬体系的实施和调整

薪酬体系制定以后，投入正常运作的基础和前提就是企业应建立客观、科学的绩效考核机制，对各层级员工的工作业绩等进行认真的考核评估。同时，在实施过程中，要及时沟通，不断地反馈在操作中出现的问题，并不断地予以修正与调整，使薪酬体系设计尽量趋于合理或使员工满意。从本质意义上讲，劳动报酬是对人力资源成本与员工需求之间进行衡量的结果。这是一对矛盾，既是对立又是统一的。事实上，世界上不存在绝对公平的薪酬制度或分配方式，只存在员工是否满意或基本满意的薪酬制度或薪酬体系。因此，应在薪酬制度的运行中形成有效的反馈机制，全面把握其实施效果，及时分析总结，发现问题及时修正与调整，尽量做到相对公平合理，从而促进企业有效地实现薪酬目标和经营战略。

薪酬分配属于社会分配的重要环节，在计划经济时代，国家主要依靠行政手段对劳动力市场进行直接管理，规范薪酬分配。进入市场经济以后，国家对薪酬的宏观调控是以经济手段、法律手段为主，辅之以行政手段，逐步形成了"市场机制调节，企业自主分配，职工民主参与，政府监控指导"的薪酬分配管理模式，充分发挥了市场资源配置功能。

第五章　大数据环境下的人力资源管理创新

第一节　大数据及其应用功能

一、大数据及其特点

大数据是那些大小已经超出了传统意义上的尺度，一般的软件工具难以捕捉、存储、管理和分析的数据。但是，多大的数据才能称得上"大"，并没有普遍适用的定义。一般认为，大数据的数量级应该是"太字节"的，也就是2的40次方的。也有专家说，实际上我们没有必要给出一个"大"的具体尺寸，因为随着技术的进步，尺寸会不断增大，而且由于研究领域的不同，"大"的界定也会不一样，没有必要统一。

大数据的重要意义不在于大，而是通过对大数据的搜集、保存、维护与共享，发现新知识，创造新价值，获得新利益，实现大发展。

关于数量大，人们会想到天文学里的描述：浩如星海。根据经济合作与发展组织（Organization for Economic Cooperation and Development，OECD）2013年的计算，全世界每秒发送的电子邮件总量高达290万件。

关于变化迅速，可以把时下的信息洪流与1439年古登堡发明印刷机时的情况做一比较。那时欧洲的信息存量50年翻了一番，今天的世界每3年就会翻一番。人类第一次破译人体基因密码，辛辛苦苦工作了10年，才完成30亿对碱基对的排序，而现在15分钟即可完成。任何一个正在运行中的数据仓库，分分秒秒都在不停地更新着它的数据，逝者如流水，变化总不停。

关于结构复杂，是指大数据的来源多种多样，数据形式多种多样。不仅有图书、报纸等出版物上的，还有手机、电视上的；不仅有结构化的，还有大量非结构化的；不仅有来源于汽车导航、购物小票上的，还有来源于各种感应器搜集到的。有人用"数据毛球"形象地描绘它，倒也贴切。

（一）大数据重视事物的关联性

大数据有一个重要特点，就是"不讲为什么，重视关联性"。如果发现了某种关联性，就可以加以利用。比如，凭借自有的卫星信息系统进行商品管理的沃尔玛公司，发现在他们的卖场里，有不少顾客在购买婴儿尿布的同时，都要买上几罐罐装啤酒。

在人力资源流动方面，国家发改委的研究人员发现了"榨菜指数""方便面指数"，就是它们的销售量与国内劳动力的流动、流量、流向高度重合。

（二）大数据的价值重在挖掘

对于大数据，不仅要搜集它，更重要的是挖掘它。挖掘就是分析，目的是从中寻找关系、重点、规律，洞察其发展趋势。这就为管理者提供了莫大的帮助。凭借大数据，管理者将可以大幅度提升各行各业管理水平、治理能力。有专家认为，数据挖掘技术主要有关联分析、聚类分析、分类及预测。

（三）大数据将颠覆诸多传统

社会科学研究常用的"抽样调查"，曾经被认为是社会文明得以建立的牢固基石。其实，它只是在技术手段受到限制的特定时期，解决特定问题的一种无奈方法。现在，已经可以收集到过去无法收集到的信息，保存与计算也不成问题，所以应该是"样本就等于全部"。而且这样做，比使用抽样调查方法得出的结论要准确得多。

有专家称，大数据将颠覆13个行业。互联网金融就是一个明显的案例。

由于大数据具有"数据充足""抓取力强""刷新及时"的特点，所以在众多领域能够将人数据化、将岗位数据化、将资源数据化，最终能够增加产出。这样一来，自然能够引起管理者的高度重视。作为生产产品与提供服务的企业，通过记录、分析、挖掘这些数据，能够发现过去没有发现的问题与规律，从而达到提升人力资源管理效率与组织产出效率的目的。

试举一例：农业发展银行江苏分行紧跟时代潮流，积极探索人力资源管理网络化创新，通过建立网络平台，统筹网络学院，在线考试，员工四卡考核，实现了基于大数据的人力资源管理，使组织将过去"经验加感觉"的定性管理，走向了"事实加数据"的定量管理。其重大意义在于迈向了人力资源管理的智慧化。

二、大数据的出现

大数据是怎么出现的？当今的世界，基本上一切都可以用数字表达，所以叫数字化世界、数字化生存。纸质上的数据只是很小的一部分。我们每天生产的电视电影、录音歌曲、手机拍摄的照片、卫星拍摄的图像，乃至个人计算机上记录的数据，加上数十亿计的感应器搜集到的信息，可以说达到了海量之大。

（一）我们每个人都是数据的制造者

一个人打开电视机、走进电梯间、行驶在高速公路，以及下班路上到超市购物打出的小票单据，无不留下数据的足迹。早在很多年前，人们就开始对数据加以利用。例如，航空公司利用数据弄清楚了应该给机票如何确定价位，银行利用数据搞清楚了应该把款项贷给谁。

（二）大数据与云计算相辅相成

大数据与云计算又是什么关系呢？微软的一位副总裁解释说：大数据与"云计算"就像一枚硬币的两个面，二者相辅相成。大数据相当于存储有海量信息的信息库；"云计算"相当于计算机和操作系统。如果没有大数据的信息积淀，"云计算"的能力再强大，也没有用武之地。大数据与"云计算"二者结合起来，将给世界带来一场深刻的管理技术革命与社会治理创新，当然，人才管理也包括在内。

（三）大数据是量变引起质变的结果

有学者指出，大数据的出现是量变引起质变的结果，而且与人类历史上发生的历次信息革命有关。

每一次信息革命都大大促进了数据的涌现、传播与储存。

大数据的出现还与社交网络的出现有关。社交网络包括硬件、软件、服务及应用。随着社交网络用户的不断增加，投资者、广告商、程序开发者都将目光投向这块领地，从而构成一个庞大的网络社会。微博、微信的出现，更使得每个人都是发声者，都可以被关注。信息流动不仅便捷性增强了，而且可追溯以往。

如果要想弄清大数据与人力资源是怎样结合起来的，还需要了解以下两点。

一是企业 2.0 的出现。企业 2.0 的概念是美国学者安德鲁·麦卡菲（Andrew McAfee）提出的。他认为，企业 2.0 是指在企业内部、企业与其合作伙伴之间、企业与客户之间的成长性社交软件平台的应用，是企业信息化进入了新的阶段，即由 EHP 为核心的信息化，演变为以 ERP+企业社交平台的信息化。具体表现在：建立了统一的工作平台；搭建起企业网络社交平台；实现知识管理社会化；建立起企业云档案。有了以上基础，企业内部的一切行为都可转变为数据，以便于开展数据挖掘。

二是组织内的数据可以分类。人力资源管理的数据有两大类：一类属于宏观领域，另一类属于微观领域。组织内人力资源管理属于微观领域。在该领域，数据可以分为四类。原始数据：年龄、学历、专业、工龄、岗位、职务；能力数据：培训经历、考核记录、参赛结果、奖惩；效率数据：任务完成效率、坏件率、故障率等；潜力数据：工效提升率、收入涨幅水平、职称提升频率。

记录、分析、挖掘这些数据，能够发现过去没有发现的问题与规律，全面提升组织效率。

人类社会前进的脚步已经走过了三种社会形态：狩猎采集社会、农耕社会、工业社会，现在已经走进信息社会。信息社会又可分为三个时代：计算机时代（机器可读，数据可算）、互联网时代（信息传递，信息服务）、大数据时代（生活、工作与思维的大变革）。如今，我们的生活已经迈进大数据时代。

（四）需要深刻理解信息时代的三大定律

要想深刻理解大数据，必须从宏观上理解与把握信息时代的三大定律。

第一定律：摩尔定律。英特尔创始人之一戈登·摩尔（Gordon Moore）提出。该定律认为，同一面积的集成电路上，可容纳的晶体管数目每 18 个月翻一番，同时，性能提升 1 倍。也就是说，全世界对数据的储存与处理越来越快，越来越方便，越来越便宜。

第二定律：吉尔德定律。乔治·吉尔德（George Gilder）提出。这个定律又叫"胜利者浪费定律"。他说，成功的商业运作，总是将价格最低的资源尽可能消费掉，以保留价格昂贵的资源。在蒸汽机时代，当蒸汽机成本低于马匹成本时，聪明的商人总是将蒸汽机投入使用。今天，廉价的资源是计算机及其网络，所以，未来主干网带宽将6个月翻一番，再往后，人们可以免费上网，永远在线。

第三定律：麦特卡尔夫定律。麦特卡尔夫是"以太网"的发明人。该定律认为，网络的价值与其用户的平方成正比。也就是，N个联结能创造出N的平方的效益。这个定律的核心思想是"物以多为贵"。上网人数越多，创造的价值越大。

过去，愿意实行信息共享者被认为是傻瓜；今天，不愿意信息共享者成为没有出路的人。

人类储存信息量的增长速度比世界经济增长速度快4倍，而计算机处理能力的增长速度比世界经济增长速度快9倍。今天大数据已经成为解决各种世界难题的有力武器。

三、大数据的价值取决于什么

既然大数据拥有价值，那么大数据的价值取决于什么？回答是取决于数据的多个维度。大数据的五个维度包括数据的颗粒度、数据的新鲜度、数据的多维度、数据的关联度、数据的规模度。

大数据的利用过程涉及诸多环节：搜集、汇总、保存、管理、分析、呈现。它很像我们以往对能源的利用一样，必须经过开采、汇集、保管、提炼、使用，这样一一对应起来方便理解。数据仓库、数据挖掘、商业智能这些词汇，都可以使人产生联想，打开数据利用的想象空间。

天上有云，地上有网，中间有数据。

也有学者把大数据处理划分为以下四个阶段。

第一，采集。利用多个数据库接收发自客户端的数据，并发数高。

第二，导入、预处理。将数据导入一个集中的大型分布式数据库，做一些简单的清洗和预处理。

第三，统计、分析。对数据进行普通分析和分类汇总。

第四，数据挖掘。无预先设置的主题，在现有数据的基础上进行各种算法的计算，起到预测效果。通常有分类、估计、预测、聚类等几种典型的方法。

四、大数据在管理领域能够干什么

（一）大数据应用技术

大数据应用于管理，需要的数据挖掘技术有以下几种。

1. 数据仓库技术

数据仓库与数据库是有区别的。

传统数据库的数据少得多，数据仓库则达到 TB 级或 PB 级；传统数据库，管理需要占用很大空间，数据仓库需要很少空间；传统数据库，索引有限，数据仓库索引多种；传统数据库，实时更新，数据仓库定期更新；传统数据库，由事件驱动，数据仓库由数据驱动；传统数据库的重要指标是并发用户的吞吐量，数据仓库的重要指标是查询的吞吐量。

面向主题是数据仓库数据组织的主要原则，主题的抽取按照决策分析对象进行。可以做以下分析：

劳动力市场空位需求、求职对比分析。

就业形势分析（就业群体构成、行业平均工资、稳定性）。

失业形势分析（失业原因、平均失业时间、社会救济额度、二次失业人数）。显然，这对人力资源宏观管理部门决策是最重要的大数据支持。

2. 聚类分析技术

聚类分析是把一组个体按照相似性归成若干类别，即"物以类聚"。其目的是使属于同一类别的个体之间的距离尽可能小，不同类别的个体间的距离尽可能大。聚类分析可以应用在人力资源管理的绩效考核上，即根据考核指标所得分数将员工分类，以支持调整薪酬、实施培训、控制晋升方面的决策。例如，某公司采用的是 360 度方法考核。维度有发展员工、关注客户、执行能力、道德品行、团队协调、注重创新 6 个。每项得分皆来自上级、下级、同级、客户、自我评分的平均值。6 分为最高分，1 分为最低分。全部采取匿名评分。

还可以选用样本点之间的距离来进行聚类。由于量纲相同，聚类结果就是一棵层次树。可以划分为 4 层。第一层是一个孤点，一位普通员工；第二层大部分是 A 事业部与 B 事业部的人，业务能力强，得分较高；第三层大部分为职能部门的员工，沟通与组织能力强，善于与人打交道，思维特别活跃；第四层大部分为 A 事业部（研发部门）的基层干部，特点是研发能力强，言语较少，沟通与组织能力一般。

有了这样的分析结果，就可以有针对性地采取不同的培训措施，最大限度地调动起他们的积极性。

3. 决策树技术

近年来，某计算机公司员工流失比较严重，特别是基层销售代表和中层事业部经理这两个群体。这种现象引起了公司领导的重视。人力资源部提出，要寻找原因，找到对策，为领导下一步决策提供数据支持。

在利用数据库分析过程中，经过数据选取、数据清理、数据归纳、数据转换，采用决策树中的 ID3 算法，建立员工分类模型，提出分类规则，发现离职员工的主要特征。公司利用该模型，对搜集到的在职员工数据进行分析预测，挖掘出了潜在的离职员工。依据决策树发现：较之于女员工，男员工更容易离职；较之于高职称员工，低职称员工更容易离职；较之于高龄职工，低龄职工更容易离职；较之于低学历员工，高学历员工更容易离职。以上四个属性是离职员工的主要特征。离职员工可能具备一两个属性，也可能具备全部属性，要具体分析，提前消除离职因素，留住关键人才。

专家指出，以往基于心理学原理，将绩效持续下降、考勤异常、疏远团队作为员工离职的前兆。这种方法耗时耗力，主观性强，且员工表现出这些特点时挽回余地较小。而采用大数据技术，从员工个性、价值取向、职业发展规律、行业特点等多维度建立数据库和模型，能够提前 2~3 年预测员工离职倾向，以利于提前采取措施，留住人才。

（二）大数据在管理领域的应用

大数据在管理领域大有可为。我们可以从以下八个方面进行简单介绍。

1. 洞察工作重点

任何大城市都有不少井盖，涉及自来水、煤气、污水地下管线等八大类 20 种之多。

2. 洞察管理规律

汽车交通发生撞死人的事故，有没有规律性？大数据显示有。

3. 洞察客户需求

当前，电子商务非常火爆。电商掌握大量商品订单，而且知道好的生产厂家是谁。由于数据在握，所以主动在握。很多生产厂家都要从电商那里获得订单需求。长此以往，会形成"反客为主"之势。电商将会变成最牛的生产性公司。

4. 洞察员工表现

高科技企业要员工做"工作日志"，就是把你一天的工作都用计算机记录下来。比如，你是几点上班下班的，你在计算机旁学习了几个小时，你的学习进度如何，你问了教练几个问题，以及你最近与客户联系过多少次，客户的反应如何等，这些数据都可以记录下来形成你的"勤奋镜像"。这不仅能够反映员工的真实表现，而且可以提前干预，避免绩效下降。

5. 洞察客户诚信

银行利润的一个重要来源就是贷款。但是，贷款有风险，最大的风险就是客户届时还不回来。政府一再要求帮助中小微企业解决贷款困难，而问题就卡在银行无法知道企业经营状况到底如何。现在，有的银行开始与大数据联合，与电商联手。通过第三方电商获取的大数据，了解了企业经营状况，从而提升了贷款准确性，避免了风险。

6. 洞察合适人选

利用大数据找人已经有成熟方法，各行各业都可以做到。现在国外已经开始通过大数据挑选电视剧本的合适演员。整个过程有观众、影视粉丝参与，而且可以预测票房价值。比如，百事可乐在中国挑选代言人，最后选定了吴莫愁，靠的就是大数据。

五、大数据思维

（一）什么是大数据思维

所谓"大数据思维"，就是由于有了大数据而引发的应该与之相适应的思维方式。也可以说是由于大数据的出现，我们必须跟上这一变化而具备的新的思维方式。大数据是一个平等思维的时代，草根也可以成为精英；是一个扁平化的年代，人们需要做出快速反应；我们需要听得见炮火的人来决策；是一个跨界思维的年代，开杂货铺的也可以开银行；是一个场景思维的年代；更是一个共享的年代，我的也是你的。

（二）大数据思维的概念

可以从以下几个方面来理解大数据思维的概念。

1. 大数据思维，强调"一切皆可量化"

在管理学上有一个说法，叫作"没有测量就没有管理"。此言极对。可以试想，如果不能把目标变为指标，再把指标转化为数据，任何管理者都难以把管理落到实处，也就不能达到管理的目的。大数据思维强调对东西和事物的量化，是达到管理目的的利器。我国工业化的过程就是精细化的过程，就是量化的过程。这是历史发展的必然。

2. 大数据思维，强调"数据也是生产要素"

在我们以往的职业生涯中，一般人都知道数据比较神秘。也就是说，不少数据是领导掌握的，不能公开。走进大数据时代应该认识到，大数据是一种生产要素，它应用于企业生产管理，可以创造价值，可以进一步提高企业生产与服务效益，应用于社会管理，还可以创造出巨大的社会经济效益。

3. 大数据思维，强调数据的完整性

大数据要分析的是全部数据，而不是部分数据。因为人们已经有能力和办法把全部数据搜集、储存起来，进行有目的的处理分析。过去搞社会科学研究往往采用抽样调查法，就是选择样本进行分析，其实那是没办法的办法。现在人们已经可以做到"样本就是全部"。更重要的是，这样做可以获得更准确的结论。

4. 大数据思维，强调数据的复杂性

小数据强调数据的精确性，大数据强调数据的复杂性。因为这样更有利于了解事物的真相，避免因忽略了某些信息而造成决策失误。大数据喜欢用概率说话，而不是板着"确凿无误"的面孔。如果让整个社会适应这种思维，尚需要相当长的一段时间。

5. 大数据思维，强调事物的相关性

世界万物的一个基本特点就是相互之间存在某种联系，也就是相关性。但是，人们往往重视它们之间的因果性，而忽视相关性。比如，用逻辑推理，就可以找到事物之间的因果关系，例如因为掉了一颗铁钉，所以马失前蹄；因为马失前蹄，所以士兵倒地；因为士兵倒地，所以战争失败。但是，对有些事物之间的相关性，人们就不大容易理解了。大数据强调，不要在我们了解以后，才去重视，而要尽快利用这种相关性来创造价值。

6. 大数据思维，强调发现事物的规律性

世间万物都有规律。有时人们感到不好把控，难以描述，那是观察不多、观察不够的结果。大数据思维，重视从多方面搜集信息，多角度分析数据，就比较容易认识到隐藏在事物背后的规律性，因此值得高度重视。从这样的意义上讲，大数据思维能够提升人们对于事物本质的认知，从而有利于更好地认识与改造世界。这也正是辩证唯物主义者所追求的精神境界。

（三）我们的差距何在

我们认为，无论宏观层面，还是微观层面，人力资源管理都已经严重地落后于大数据时代的发展。主要表现在以下三个方面。

1. 管理者关注的只是小数据，成井底之蛙

作为数据源，本单位保有的纸质数据只能算很小的一部分。例如，任何单位都有的员工档案、考核记录、工资发放表。在大数据洪流已经爆发的今天，社交网络上的数据、核心期刊论文引用的数据、专业论坛上的发言数据等，数量已很大，而且能够极大地弥补本单位数据的不足。但是，管理者对单位之外的数据不

知道、看不见，成了不谙世事的井底之蛙，这样的管理是不可能充分发挥人的潜能的。

2. 管理所用数据粗糙，精细化程度不高

我们已有的人事数据大多属于基础数据与能力数据，大多缺乏效率数据与潜力数据。这就难以通过查阅档案来识人用人。即便是通过人事部门的语言介绍，也难以将一个人的优缺点描述清楚。用大数据的概念讲，就是数据的颗粒度太大，精细化程度不高。精细化依靠的是"细分"，细分才能做到管理上的精准。

3. 日常管理仅限于领导驱动，缺乏数据驱动

当前的人力资源管理基本上都是领导驱动的。也就是说，如果领导不让干什么，下级就不去干什么。如果有了大数据思维，那就可以主动思考问题，研判形势，提出建议。而且只有这样，才能使人力资源管理从被动执行型转变为主动行动型。数据本身是不会思考的，但是掌握大数据方法的人是能够通过数据发现问题的。过去，管理有两个层面：一是战略层面；二是战术层面。人力资源管理总是在战术层面绕圈子，就是因为其思维上升不到战略层面。当前，重视大数据是提升管理层次的一个大好时机。数据驱动的本质是智能化，能够聪明地对未来进行前瞻，做到未雨绸缪，防患于未然。大数据时代背景下的人力资源管理，应该跟上时代的要求，实现转型升级，实现精准化、迅捷化、智能化、个性化。

第二节　大数据与人力资源管理的关系

一、新世纪人力资源管理面临新形势

在了解大数据与人力资源管理的关系之前，首先应了解在当前情况下，人力资源管理所面临的形势，也就是较之以往发生了哪些重要变化。

（一）人力资源管理，已经变成了劳动力管理

在互联网、大数据条件下，碎片化已经成为事实。时间碎片化、学习碎片

化、用工碎片化等都是新的事物。一位研究劳动力的专家称，劳动力供给在今天与以往相比已经发生重大变化。

以往的公式是：

$$劳动力供给 = 劳动者人数 × 劳动时间$$

现在的公式是：

劳动力供给＝（全职雇佣的劳动者+非全职雇佣的劳动者）×（小时工作时间+加班时间+碎片化时间）

因此，人力资源管理已不能叫"员工管理"，而应该叫"劳动力管理"或"劳动者管理"。劳动者不一定是我的员工，而是我所使用的人。在互联网冲击下，企业的边界正在被打破。同时，企业也获得了更低廉的劳动成本。

最典型的是像传媒业、互联网业、创新产业等知识劳动者密集的产业，他们完全可以采取雇佣专家组成项目团队的方法来完成工作，创造一般人创造不了的价值。另外，居住在企业附近的人也可以成为自己的雇员。随着互联网、大数据技术的发展，劳动力管理工具已经能够最大限度地整合劳动力资源，帮助企业在合适的地点更精准地找到最合适的人选。

互联网和大数据还改变了劳动者的工作方式，像专栏作家、淘宝店主、酒后代驾、专车司机等都是一些灵活就业者，他们依靠互联网找到了自己满意的工作。在大众创业、万众创新的大背景下，"个体户"的概念也需要重新定义，他们应该称为"自我雇佣者"。他们的社会福利与社会保障应该跟上时代，有所创新，而这正是人力资源宏观管理部门所忽视的。

（二）对于人力资源管理来说，征信很重要

我们这里讲的征信，是指建立基于大数据的个人征信系统。

商务部的研究人员说，"征信就是征集信用记录"。详尽的解释是：授信机构（金融机构或商家）自身或委托第三方机构，对客户信用状况进行调查验证，形成报告，用于决策，以规避风险的事情。对于普通百姓来讲，个人征信状况，主要用于个人申请信用卡、办理车贷房贷、求职、投保等事项。因为当今社会，直接利用现金进行交易的情况越来越少，如果没有社会信用系统支持，风险就会很大。而征信乃是信用体系的基础。

征信业其实是一个很有点历史的行业。最初就是委托调查，已有几百年的历史。到了互联网时代，互联网与征信结合，就出现了互联网征信。"对大数据的分析和信息自动化采集"是互联网征信的最大特点。

基于购物信息、水电费交纳、支付习惯、黑名单记录等大数据，就可以掌握一个人的信用状况。当然，有的大学生是没有办理信用卡的，但这些人可能早就在网上购物了，甚至已经成为支付宝资深用户了，他们在互联网上留下的足迹和行为数据，已经可以为其信用打分。

互联网征信企业也存在一些问题，如独立性与客观性的问题。互联网征信企业应该努力保持中立、公正。有人指出，有的企业虽然掌握不少数据，但是没有掌握其平台之外的数据，因此是不完整的，尚有待改进。

（三）大数据在宏观管理方面应用很广

大数据应用于宏观层面的人力资源管理，可以表现在很多方面。

1. 信息公开能够促进就业

由于推动社会信息公开、透明与共享，使内部与外部利益相关者都提高了工作效率，产生了公共效益。例如，中国人民银行上海总部公开金融信息后，催生了一批金融信息咨询服务公司，拉动了十多万人就业。

2. 实时数据确实促进就业

联合国启动"全球脉动计划"，为各国提供实时数据分析，以便准确了解人类福利状况，降低全球性危机对人类生活的影响。联合国第八任秘书长潘基文说，联合国必须为自己的服务对象服务，帮助那些失去工作、生病、难以养活自己和家人的人。

3. 个性服务大大促进就业

传统公共服务强调共性，实际上，个性化需求十分迫切。德国联邦劳工局通过对就业历史数据的分析，区别了不同类型的失业群体，实行有针对性的服务，在每年减少100亿欧元的情况下，减少了失业人员平均再就业的时间。

4. "千人智库"促进人才创业

"千人智库"是一个依托全球人才资源大数据，对接各级政府、企事业单位人才与项目需求，面向市场提供高端猎聘与咨询服务的民间智库。总部位于湖北武汉光谷。

二、基于大数据的人力资源管理

关于大数据人力资源管理，人们有不同的认识。例如，有人认为，我们当前使用的数据，尚不够大；还有人认为，我们目前的管理距离大数据管理差得还很远。我们认为，在互联网时代，大数据已经生成在我们身边。我们使用的互联网就是"互联网""大数据""云计算"。包括简单至极的出行打车，你所使用的手机（移动终端）工具，就是以大数据为基础的。

（一）基于大数据的人力资源规划

人力资源规划，就是对组织人力资源的进出以及配置做出提前的设想与准备。显然，这需要弄清几个问题：当前本区域内的人力资源总况，当前组织内人力资源余缺，当前本组织最需要的人力资源类型、层次和数量，内部人力资源流动配置计划方案等。

哪些人会离职要特别引起重视。因为人力资源工作者必须保证人力资源能够充分满足组织内各个工作岗位的需要。

通过数据挖掘，专家发现，通过询问"不墨守成规的人，在每家公司都有生存空间"这样一个问题，同意该说法的人，往往跳槽率较高。这是回归方程计算的结果。

（二）基于大数据的人力资源招聘

人才管理从系统论的角度看是一个"进管出"的过程。也就是首先将各类人员包括其高端部分——人才引进组织之中。

大数据时代的招聘以数据作为衡量人才的前提，以模型作为评价人才的标准，能够进行迅速、有效的筛选，保障招聘质量。

大数据时代的人才招聘，是一个双向选择过程。组织要选人才，人才也要选组织。这是一个双向互动过程。

1. 借助社交网络

企业招聘已经能够借助社交网络，达到知人的目的。社交网络是拥有大数据集群的最大主体，能够通过它获取应聘者生活、工作、能力状况及社会关系等各个方面的信息，形成立体形象，便于企业做到"精确人岗匹配"。

2. 人才网络招聘

通过互联网进行招聘，目前已经广泛流行。将来，基于大数据的网络招聘，会将网络社交功能引进招聘过程。在新型的网络招聘过程中，求职者可以在网站建立自己的简历，分享求职经验，关注职位信息，建立人脉；组织也可以在上面树立自己的企业形象，吸引优秀人才加盟，发布招贤信息。

人力资源招聘首先需要面试。关于面试的方法很多，这里不再展开论述。比较先进的方法是一种通过游戏识别人才的技巧。

3. 有趣的"芥末侍应"游戏识人法

玩家在游戏中是一家食品店的服务员。他需要依据顾客的表情来给他相应的食品。开心的顾客就要给他代表开心的食品，难过的顾客就给他代表难过的食品。虽然看上去这个游戏与一般游戏没什么两样，但可以对玩家在游戏中每千分之一秒的行为进行解析，考察他们与就业职位相关的性格特征，如责任感和应变能力等。

另外，还有很多这样的游戏能够辨别被测者的智力水平、情绪控制能力、对环境的适应能力。其最大优势是在短时间内进行多项测试，而且无须被测者做出有倾向性的回答，他也无法作弊。这种游戏软件是奈可（Knack）公司开发的。大数据的应用，使得计算机在处理大量数据时，可以从中挑选出人关注不到的信息。这就能够使人力资源工作者做出更加客观准确的招聘决策。人才招聘以往主要靠面试与简历筛选。前者误差大，难免受到"以貌取人"的影响。后者也会受到千人一面的困扰。

（三）基于大数据的人力资源配置

关于人力资源配置，人们必然会想到有关"能力模型"的研究。一个人能不能胜任某项工作，不是要看其智力，而是要看其胜任力。找到能够区分绩效优异与绩效低劣的一些潜在心理特征很重要。

能力模型的开发过程是严格遵循心理测试标准的。模型做好后，可以以它为基础，开展人才招聘、配置、培训、绩效考评等。实际使用过这种模型的人都会感觉到，其开发过程比较复杂，费用也不菲，但并不实用。伴随着互联网的出现，人们逐步认识到，岗位是不断变化的，基于岗位的能力模型，很难适应这种变化。人们在思考：如果重视一个人的智力水准，加上潜力考察，能不能打破原有的、中心化的、封闭的心理评估工具，代之以能够反映群体智慧的评价方式呢？这种社会化的评价机制，可能就存在于社交媒体中，存在于群体智慧中。世界是否进入了"后能力模型时代"？

（四）基于大数据的人才测评

人才测评已经进行多年，不少人力资源服务公司都在研究如何才能更精确地进行测评。我们认为，大数据可以在这个领域大显身手。

为什么看好大数据测评？因为马克思说过：人的本质是人的社会关系的总和。试问：在大数据时代到来之前，谁能够把一个人的"社会关系总和"搞清楚？

但是，社会上已经出现大数据"搜索引擎"。搜索引擎越多越好，信息仓库里的信息越多越好。有了这种搜索，不良分子已经难以遁形藏身。我们能不能反其道而用之——找寻到他的优秀面？大数据能够把人的各种信息踪迹迅速抓取、搜集在一起，并能够进行综合分析。所以，大数据方法是人才研究的利器，也是人才测评的利器。但是，一定要注意道德与法律问题。

更深一层的意思：对于人才测评，不宜将对象分得过细。过细了，便什么也找不到了。不过，能否通过人才品质测评人才，目前尚存争论。

在讨论人才测评的时候，有一个动态值得关注：计算机识别人的面部表情技术。

（五）基于大数据的人才使用

在每个企业里面，都会产生大量的数据踪迹。通过分析员工之间的沟通数据，不仅能够了解员工个人的表现，而且能够掌握团队的合作状况，从而能够采取有效措施提高企业内团队的合作效率。甚至在团队组成之前，就能预测出队员间的合作情况，以及可能出现的问题。

利用传感器和数字沟通记录，可以帮助公司高层知道不同团队擅长完成何种类型的任务，从而创造出"团队指纹"，也就是他们中的职工与什么类型的任务能够做到相互匹配。

建立团队指纹，不仅会让这个团队在某一个特定项目中获得成功，而且会让公司长期受益。

（六）基于大数据的人力资源考核

考核是人力资源管理的重要环节。没有考核就没有管理。

社会传感器是一种具有多种感应功能的装置。最初，它只包含一个红外线收发器、一个麦克风和两个加速度传感器，并在被严格控制的条件下使用。经过改进，传感器增加了显示功能，可以显示滚动信息，还可以戴在脖子上。后来，增加了一个蓝牙无线电设备，一次充电可持续搜集 40 小时，甚至可以做到无线充电。

传感器搜集信息包括两个部分内容，即个人的（如是否抑郁）与社会的（与他人的交往）。重点放在互动模式与汇总统计上，它所关注的是不同部门之间如何协作。项目的每个参与者都可以随时删除自己的数据。

（七）基于大数据的人力资源薪酬

实际上有了基于大数据的人力资源考核，确定薪酬就有了办法。

大数据在薪酬方面的应用，首先，在于对企业内薪酬的测定。这个不难，只是个计算问题。其次，还在于对本行业薪酬水准的把握。为了获得国内外同行之间的竞争力，需要参考大数据为你提供的数据来调控本企业薪酬水准。云计算技术使你能够快速解决此类问题。

（八）基于大数据的人力资源培训

国家开放大学携各分部、行业（企业）学院、地方学院、学习中心等，与相关行业、企业与工会系统等开展了广泛合作，面向生产和服务的一线职工开展培训活动，实现了产业工人不必耽误工作就能学到与自己职业息息相关的知识，并能获得相应证书。

开放大学是 20 世纪 60 年代出现的世界高等教育领域的一种新型学校。这种大学强调开放教育，强调利用现代信息技术与教育教学的深度结合，向有意愿学习、有能力接受高等教育的人提供学习机会和服务。

英国开放大学是世界上最早成立的开放大学。开放大学由于其独特的教育理念、价值取向和社会效益，日益受到国际社会和各国政府的高度重视。在我国发布的教育规划纲要中曾明确提出，要"大力发展现代远程教育""办好开放大学"。开放大学正在围绕促进全民学习、终身学习、学习型社会建设而进行积极探索。

与此同时，越来越多的培训机构开始开发专业的网络培训软件，供用人单位根据自身需要选择购买。这些软件能够忠实记录每个员工的学习行为数据，并将其归入员工个人学习档案，生成个人学习曲线图，反映个人学习成长过程。

大数据、互联网、云计算能够把行政办公、教学管理、学生管理、教学资源管理、一卡通集成在一个统一的门户下，为全校师生提供一站式服务。在福建化工学校，每个学生都有一个终身账号，也就是他的学号，即使毕业了，只要有一部手机（或者能联网的计算机），都可以进入学校的数字校园平台学习。学生在工作之后仍可以"回到母校"，开阔视野，参加终身学习。

飞行员培训也可以基于大数据。在飞机上有一种与黑匣子一样重要的东西，叫作"快速存储记录器"，又称 QAR（Quick Access Recorder）。实际上是一种带保护装置的飞行数据记录设备。它的功能是通过在飞机机身安装的几千个传感器，搜集到从飞行员走进机舱到飞机落地的全部操纵动作数据。

三、加快大数据行动，关键是要做起来

人力资源管理大数据怎样做起来？要持续人才培养模式，建立健全多层次、多类型大数据人才培养体系。大力培养具有统计分析、计算机技术、经济管理等多学科知识的跨界复合型人才。积极培育大数据技术和应用创新型人才。依托社会化教育资源，开展大数据知识普及和教育培训，提高社会整体认知和应用水平。

（一）要提前做好人才准备

大数据人才是当前社会最为短缺的人才。正因为短缺，应该加紧培养。特别是对应用型人才的培养。

大数据人才从能力构成上讲是多元的。神州数码董事局主席郭为认为，关键是三种能力：IT 技术能力、数学统计能力以及业务能力。IT 技术能力包括软件和硬件能力，数学统计能力包括数据挖掘能力，业务能力强才能科学建模。就大数据人才类型而言，有人认为，包括数据规划师、数据工程师、数据架构师、数据分析师、数据应用师、数据科学家等。只有实现大数据人才的多元构成，才能实现应有的功能。

（二）要勇于探索，真的做起来

大数据的实际应用理解为这么几个步骤：理解大数据（懂得知识），借用大数据（开放共享），做个小数据（小试一把），养个大数据（积水成渊），开发大数据（价值回报）。

既然大数据这么重要，那个人从何做起呢？可以从养数据做起。从个人的工作职责思考，也可以从个人爱好出发思考，到底从哪里养起。养是个爱好，是个过程，是种积累。结果呢？积土成山，风雨兴焉！

假如你从事的是人力资源市场工作，那么你就可以从今天开始关注并记录有关人力资源市场的一些数据。

所谓"大数据飞轮效应"，是你设想一个平卧在地上有支撑的钢铁巨轮，你想推动它，艰难至极。现在，你开始努力，持续不断地用一个大铁锤敲击它，它开始微微动了起来。这时，不要放弃，继续敲击，飞轮开始转动起来，而且越转越快。这时，你只要轻轻推动它一点点，它就会产生巨大的效果。此之谓飞轮效应。大数据也可以借助这个概念，从一点点数据积累开始，慢慢地形成"大数据"。

任何事情都有简单与复杂之分，大数据也是一样。简单分析，比如现状分析（大学生就业）、关于某一项事情的分析（生产成本变化状况）；复杂分析，比如年度收益预测分析、五年行业发展趋势分析。现状分析多为描述性的，预测分析多为预判性的。所以后者比前者复杂。万事开头难，有了开头，逐渐尝到甜头，就增加了自信心，也会逐步走向大胆应用。另外，如果刚开始借用第三方数据，之后开发自己的数据，也叫从简单到复杂。

问题的另一面是整个社会要理解数据开放的重要性。大数据要求数据开放，如果各个系统、各个单位都把自己掌握的数据把得紧紧的，不给他人使用，那么大数据就很难搞成。

（三）大数据应用中值得注意的几点事项

当我们重视大数据的时候，首先要注意量力而行，也就是从自身实际出发。比如，自己的公司、单位小，实力有限，那就没有必要投入很多资金干这件事。但是，应该懂得大数据能够干什么，了解其工作原理，做个明白人。等到公司实力大了，可以做了，再把它做起来。

当我们重视大数据的时候，还要明白任何事物都具有两面性。大数据的副作用是可能侵犯个人隐私。大数据无疑能够搜集每个人的大量数据，这就隐含着个人数据被利用的风险。如何防止个人数据被非法利用，就成为一个值得重视的问题。据媒体报道，很多人须臾不能离开手机，如果你下载了某个软件，很可能会有 20 多项你自己不愿意公开的信息被自动搜集给了软件开发商。如果你戴上了公司发给你的社会徽章，那可能你的一举一动包括一天上了几次厕所都被记录下来，且都能够查询清楚。

当我们开始重视大数据的时候，最重要的是牢记"以道驭技"四个字。为什么？因为大数据毕竟是一种工具、一种方法。用这种工具和方法干什么、怎么干才是最重要的。

第三节　大数据背景下的企业人力资源管理创新
的注意事项

一、个人信息的保护

大数据背景下，移动互联网、社交媒体带给我们丰富的数据资源（如社交关系网、兴趣图谱等），日臻精确的数据挖掘和分析技术则提供给我们更多处理问题的途径和方式，这一切都为企业人力资源管理创新提供了诸多突破口。但与此同时，围绕大数据所带来的一系列问题也不容忽视。

（一）强化个人信息保护的重要意义

大数据有利于整合与共享管理信息，不论是企业还是个人，都会因大数据的爆发受益匪浅。企业可以借助数据存储、统计、分析等为自身带来更多利益。个人也会享受到更方便、更迅捷、更个性化的服务。然而，大数据在带来机遇和效益的同时，也带来更多安全问题。大数据时代个人信息主动或被动地被采集，往往被采集者用于经营的目的，无论个人信息所有者在其个人信息被实施采集行为前是知情还是不知情，个人信息都会面临"处理"过程中的种种危险。有专家认为大数据在成为竞争新焦点的同时，也带来了更多的安全风险，大数据成为网络攻击的显著目标，大数据加大了隐私泄露风险，大数据威胁现有的存储和安防措施，大数据技术成为黑客的攻击手段，大数据成为高级可持续攻击的载体，这对大数据时代个人信息的安全提出了更严峻的挑战。

企业使用大数据技术能够收集到员工的各类信息，包含一些与员工工作无关的信息，如私人社交、情感发泄、生活琐事等。这些与工作无关的数据在收集时并非具有目的性，但随着技术的快速进步，这些数据可能最终被开发出新的用途，例如对员工未来的行为表现进行预测，这既违反管理伦理，也缺乏组织公正。如果员工感到自己的生活被监视了，甚至于他们可能因为所谓的大数据预测而为自己并未发生的行为买单，这很容易激起员工的自我保护本能，他们一则会抗议这种监测技术，使企业面临法律纠纷；二则不愿意再通过网络表达自己的真实感情，这会使得大数据在某种程度上失去价值。此外，如果公司的信息管理系统被攻破，将造成公司员工数据的泄露，给员工的生活造成困扰，甚至引发员工生命财产的安全。因此，企业若要基于大数据做人事分析，必须了解相关法律法规、行业规则，合法合理地收集员工的信息。对所获取的员工个人信息，企业必须引进信息保护技术以保障员工的信息安全，防止信息泄露，才有可能使得基于大数据的人力资源管理获得较好的应用与发展。

（二）个人信息保护的措施

对个人信息的保护，最基本的还是国家要有完善的法律法规为保障。国家应该从法律上完善个人隐私保护制度，改变隐私保护模式，让数据使用者为其行为承担责任。除此之外，国家还应设立专门的行政监管机构，建立严格的监管制度，以保障企业对存储于云端的个人信息进行商业化合法性利用。

大数据时代，技术手段是法律措施的重要补充，个人信息的安全和保护应强化技术的作用，主要表现在以下几个方面。第一，加大资金投入。国家和企业加大对大数据安全保障关键技术研发的资金投入，提高研发环节资金投入比例，或设立专项资金用于研发。积极鼓励个人信息安全技术的研发和创新，从技术层面来保障信息安全，提高我国大数据安全技术产品水平，抢占发展基于大数据的安全技术的先机。第二，提高技术手段。大数据时代，大量的用户个人信息通过计算机网络进行存储和传输，要堵住人为漏洞和技术本身的漏洞，最好的方法是技术手段。要加强新产品、新技术的研发应用推广，不断完善信息系统安全设备诸如防火墙、入侵检测系统、防病毒系统、认证系统等的性能，采取访问过滤、动态密码保护、登录 IP 限制、网络攻击追踪方法的技术手段，强化应用数据的存取和审计功能，确保系统中的用户个人信息得到更加稳妥的安全技术防护。第三，加强技术规范。对那些重要和关键的数据信息进行加密保护，只有通过身份授权或解密情况下才能进行访问和查看。同时，规定多人管理重要和关键信息的制度，限制个人信息掌握者的权限，不能由一个人掌握全部信息，使每个层级的相关人员只能掌握相应的有限信息。

总之，大数据环境下个人数据应用的隐私保护是一个复杂的社会问题，不仅涉及道德、法律、行业、技术等诸多领域，也涉及大量的个人、群体、企业和机构。人力资源管理者应该熟悉本国保护网络隐私权的法律法规。同时，由于互联网技术发展迅速，更新周期短，立法有时很难达到与技术的发展同步，人力资源管理人员及时关注行业指导与自律规则也同样重要。在此基础上所进行的人力资源管理，有助于避免企业陷入侵犯员工隐私的困境，保障企业和个人的共同利益。隐私权保护同时也是企业与客户、合作伙伴、员工以及其他利益相关者之间建立信任关系的基础。企业必须与用户进行充分沟通，让他们了解自己的信息将如何被使用，并制定出符合隐私保护的数据政策和法律法规的企业使用数据的相关规定，使员工的个人信息得到规范的保护。

二、数字鸿沟

数字鸿沟是一种"技术鸿沟"，即先进技术的成果不能为人公平分享，于是造成"富者越富，穷者越穷"的情况。"数字鸿沟"的本质是指以国际互联网为代表的新兴信息通信技术在普及和应用方面的不平衡现象，这种不平衡不仅体现在不同地理区域、不同人类发展水平、不同经济发展水平的国家之间，同时也体现在一个国家内不同地区、不同人群之间。大数据背景下，除了衣食住行、医疗、教育、安全等基本需求外，信息也应该被视为基本需求，因此要求信息的公正分配，以及对信息技术及信息的普遍可获得。信息通信技术是目前企业提升竞争力的重要手段。然而在网络使用不断普及的同时，信息贫富之间的差距却在加剧。在信息"富有者"和"贫困者"之间形成的数字鸿沟愈演愈烈。数字鸿沟造成了对弱势群体的歧视，形成了一种新的社会不公正。不同企业的技术可及水平不同，这势必会影响到企业对数据的收集和应用。

三、人力资源管理者的角色变换

大数据的收集、分析和处理需要专业的数据分析人才，人力资源管理部门应及时设立专门的进行数据分析处理的岗位，或成立由数据挖掘工程师、心理学家、人力资源管理专家组成的数据分析小组，负责建立起人力资源信息系统，实现各种人力资源业务的规律性、规范性以及数据化的管理。这个信息管理系统包含静态的数据、业务处理过程中的数据以及整合的人力资源信息数据。不同层面的人员均可以通过该系统获取自己所需要的各类数据，得到不同的分析处理结果，如人才供应链、能力培养与开发、绩效评价、员工关系等都可以从系统中提取数据，进而实现高效、协同的业务处理；同时，可以将下属单位关联到系统中，形成企业完整、全面的人力资源管控模式。人力资源管理者要在日常管理中注重数据积累和整理，认真检视自己现有的数据资源和分析能力，尝试先从内部某个领域开始运用数据，特别是要从能为业务提供最高价值的领域开始，逐步筹划建设自己的数据库系统。具体说来，人力资源管理者的角色应进行以下转变。

（一）数据维护者

大数据背景下无论是个人数据还是公司数据都更加容易被他人获得，因为数据泄露会置组织于尴尬境地，也会严重干扰他人的生活。因此，信息安全成为前提。

人力资源管理者必须承担起数据维护者的角色，例如在招聘时肩负储存和保护他们从社交网站所获得的候选人信息的职责。那么信息安全到底如何保证？数据挖掘公司是否能胜任管理企业员工社交网站信息的职责？如果是，企业愿意提供给数据挖掘公司什么样的信息？人力资源管理者应认真思考这些技术和隐私问题，并制订出解决方案。

组织的人力资源管理不断重申一个理念：每一个管理者都是人力资源工作者，这一理念之所以被反复强调，是因为今天的组织中"事"与"人"早已界限模糊，所有的管理者都应该承担人力资源开发和管理的职责。这就要求人力资源管理者扮演企业高层和各部门主管的战略伙伴角色（HRBP），工作性质由常规性向建设性转变，由以前的降低成本为重心向创造价值转变。例如，高潜力人才的挖掘和培养，管理者的测评与赋能，协助企业推动变革，改变管理者的思维模式，建设符合企业变革要求的文化等。在参与企业战略的过程中，人力资源管理者受到自身限制，不可能成为具体的业务操作者，但可以通过影响他人的行为、信念，达成目标。这就是人力资源业务伙伴的意义所在。

基于 HRBP 的人力资源管理以企业经营和运作为基础，以业务部门具体需要为核心，以为企业创造价值为根本目的。业务伙伴型的人力资源管理在我国企业处于起步阶段，目前国外一些大型企业将人力资源部划分为三个部分，即人力资源业务伙伴（HRBP），人力资源专家和人力资源服务中心。各部分分工明确，共同完成企业人力资源相关工作。HRBP 在其中扮演着桥梁和翻译的角色，将业务需要翻译成人力资源"术语"并提出解决方案，然后就专业问题与专家们讨论，得出最终的事务性、操作性工作，交由服务中心提供相关支持。因此，HRBP 不只是一种具体职位名称，更是一种定位、一种全新的人力资源管理模式和管理理念。对于中小型企业，HRBP 是广义的业务伙伴，即体现为 HR 的角色定位，HR 是懂业务知识、业务范围，为业务部门的经营决策服务的重要主体。

对于业务范围较广的大型企业来说，HRBP 可以是人力资源部派驻到各业务部门的合作伙伴，需要基于传统的人力资源管理部门的组织架构进行再设计才能更好地发挥价值。

（二）人才盘点者

大数据时代企业更需要凭借人才获取竞争优势，企业必须建立有效的人才选拔与培养机制。人才盘点作为人才培养的发动机，能够帮助企业识别出最优质的人才资产，确保人力资源工作的产出和成果。人才盘点是指对人力资源状况摸底调查，通过绩效管理及能力评估，盘点出员工的总体绩效状况、优势及不足之处，其目标在于塑造组织在某个方面的核心竞争力，主要做法是提前对组织发展、关键岗位的招聘、关键岗位的继任计划，以及关键人才的发展和保留做出决策。人才盘点之所以能够帮助企业培养人才，主要在于人才标准统一规范。例如，很多企业建立了领导力素质模型后，仅仅把它用于培训活动的设计上，没有用于管理者考核；或者仅仅用于考核，缺乏其他方面的配合，结果造成领导力的标准无法在公司上下统一，各部门对领导力的理解产生偏差歧义，最终的行为结果也不一致，组织很难形成"合力"。通过人才盘点统一人才标准后，对组织架构、人员配比、人才绩效、关键岗位的继任计划、关键人才的发展、晋升和激励计划，以及对关键岗位的招聘进行深入讨论，组织可制订详细的行动计划，真正将人力资源管理与组织战略结合在一起，体现人力资源的价值和对组织的贡献。

人才盘点的起点是对于组织的盘点，组织要设立未来 2~3 年的战略目标，并确立与之匹配的组织架构，设计工作岗位和分配岗位职责，实现组织与业务战略的匹配性。同时，管理者采用相同的工具、统一的标准进行人才评价，帮助企业推行统一的人才标准，形成"人才标尺"，在统一标准下发现高潜力人才，并在组织中推行开放的企业文化和建立学习型组织，为人才盘点打造良好的氛围。企业借助人才盘点识别出高潜力人才之后，还须结合组织需求和岗位特点，打造关键岗位的人才梯队，建立关键岗位人才储备库以及继任计划。同时，人才盘点的结果不能仅仅是一堆带有数据的表格，而是要转化为具体、可操作的行动计划。例如，万达学院在人才培育方面，通过管理改进、知识集市、案例汇集、项目演练等措施，对需要培育的人才对象进行知识萃取、分享和实践练习。通用电气克劳顿学习中心通过行动学习法，发展管理者的领导力，传播最佳实践、激发创新、推动组织变革。

人才盘点的核心是素质评估。素质评估的方法有很多，其中结构化行为面试是指按照通用素质模型的要求询问、收集被评价人以往的工作经验和工作行为、取得的成就及职业路径等方面的信息；360度反馈法既可用于测评也可用于人员开发，使用360度反馈法不能仅以绩效为导向，而是要制定统一的评分标准，同时要重视后期的反馈与沟通工作；敬业度调查用于及时诊断组织在人才管理方面的潜在问题，找出原因并为管理决策提供依据。此外，还可运用工作行为问卷和九宫格图等方法进行人才盘点与素质评估。

总之，人才盘点能够实现组织的人力资源战略与组织战略的合理匹配，有效控制人力资源成本。对组织而言，人才盘点可以识别出高潜质的候选人，有助于制定科学合理的人才招聘、职业规划、薪酬设计、培训开发等决策；对员工而言，人才盘点可以公平公正地评价及反馈其价值，明确自身定位，主动参与个人的职业生涯规划。

（三）组织变革的推进者

对于企业来说，变革中最关键和最困难的是如何解决公司的人力资源问题。企业不仅要合适地、妥帖地安排老员工，更重要的是为发展寻找关键性人才。不仅要为企业进行一系列的业务变革，更重要的是从企业的远景规划出发，重新梳理人力资源，搭建更适合的组织架构，积极支持公司变革。人力资源管理者在这个过程中必须扮演重要的推进者角色。要想扮演好这个角色，人力资源管理者面临的挑战首先是决策和沟通模式，以及员工的思维转换问题，所以人力资源管理者首先是做好和公司各个层面的沟通，尤其是尽快化解抵制变革者的对立情绪。同时，人力资源管理者还要带领和帮助企业完成平衡转变，及时强化内部的培训，协助员工适应变革发展、提高员工满意度以保证队伍的稳定性，提升整个组织的能力。人力资源管理者成为变革推进者，最好能确定一个推进变化的流程，为直线管理人员提供一整套关于管理变化技巧、系统分析技术、组织变革、人员变革的咨询和服务，成为变革的原动力，上通下达，帮助和推动整个企业实现变革。

四、大数据改进人力资源规划

各种经济时代的区别，不在于生产什么，而在于怎样生产，用什么劳动资料生产。劳动资料不仅是人类劳动力发展的测量器，而且是劳动借以进行的社会关系的指示器。

如今大数据作为新的生产资料，不断体现出在社会经济活动与社会管理活动中的巨大作用。劳动工具是生产力发展水平的重要标准，而生产力发展水平则是一个时代的本质特征。大数据的出现对生产力的发展有着直接的推动作用，这也是为什么大数据时代会被称为一个时代的原因。

大数据时代下，数据成为真正有价值的资产，云计算、物联网等技术手段都是为数据服务开辟道路的。企业交易经营的内部信息、网上物品的物流信息、网上人人交互或人机交互信息、人的位置信息等，都成为摆在明处的资产，盘活这些数据资产，直接作用于个人的生活选择，企业的决策甚至国家治理，改变人们生活方式。

（一）应该树立起大数据意识

随着大数据的脚步日益加快，对于企业员工而言，树立大数据意识显得极为重要。在进行人力资源规划时，首先，要培养人力资源管理者具备数据化意识。人力资源管理部门作为企业员工的管理者和培育者，他们的数据化意识直接影响企业员工数据化意识的建立。而人力资源管理部门具备数据化意识时所制订的人力资源规划会突出数据带来的影响和意义，从而促进企业的数据化进程，在预测岗位需求、分配供给时，提供数据化的支持。

数据化意识的培养要从人力资源管理部门深入至企业每个部门。要让人力资源管理部门意识到大数据背后隐藏的潜在价值，并依据大数据所隐藏的价值做出正确的人力资源规划。其次，要培养其他部门员工的大数据意识。企业员工是人力资源规划的执行者，他们大数据意识的建立，有助于人力资源规划的顺利展开以及减少规划实行的偏差。关键是要让企业员工意识到数据的重要性，并致力于收集真实、高质量、有价值的并且具有高可靠性的数据。只有当每个员工都认识到大数据所带来的价值和意义，才能使企业具备更强的竞争力。

（二）要积极搭建起数据化平台

在企业规划每一年度的人力资源策略时，总会对现有的人力资源水平进行调查和确认，如果每年都要在制订人力资源战略规划的时候再去调查人力资源现状程序会比较复杂，同时浪费极大的财力、物力、人力。同时，在分析各个岗位的人员数量、员工能力时需要一定的时间才能准确分析出现有的状况。

倘若在企业中构建一个数据化平台，在每天的日常工作中，员工通过数据化平台，实现每天的出勤、工作绩效、薪酬等多方面的记录，不仅能大大节省人力成本，而且能实现员工工作规范的检验、工作数据的统计、工作进度的共享。另外，企业还能进行监控，从而保证数据的及时性、准确性和真实性。在实现员工绩效评价的同时可以对公司每个岗位员工的能力进行有效的分析和计算。数据化平台能提供管理人员有效的员工信息，大大降低人力资源管理部门在制订规划时所需要的人力、财力。而长期积累的数据比急需时的调查所得的数据更为有效。因为每一天的员工信息都会被数据化平台记录，不会存在员工出现特殊情况或特意配合调查所带来的误差。

数据化平台也适合于高层人员管理。数据化平台还能及时记录管理人员所制定的企业目标和长期规划，向员工传递及时有效的年度目标、当月计划，甚至每日生产计划，并及时统计往日生产状况并审核。因此在这样的基础上，数据化平台对人力资源的需求和供给进行预测也显得十分方便，及时绘制企业目标走势图，与管理人员交流、对企业战略进行设计和研讨，并对企业各个岗位需求进行有效的预测，与此同时，根据数据派遣相应数量的员工，在分析数据后进行员工的补充和删减，实现工作量的合理分配。

在制订人力资源规划方案阶段，当数据化平台中显示任务量过大不能及时完成时，人力资源管理部门能及时采取招聘策略，补充人员。由于数据平台的建立，使绩效管理更为方便，企业人员的提升、培养、薪酬管理，都能根据数据及时有效地跟进，而对任务量不达标的员工也能够进行再培训和激励。

（三）重视发挥大数据的预测预知功能

对我国人才资源需求进行宏观预测规划，显然是一项意义更加重大的事情。

学者的观点是：目前预测方法科学化水平不高，必须建立需求预测的长效机制；明确预测主体，建立人才需求的预测体系框架。显然，大数据能够在这个领域大显身手。这也是人才资源管理发展的必然趋势。

第六章　现代人力资源管理的信息化建设

第一节　现代人力资源管理信息化理论知识及其影响

一、人力资源管理信息化及其目标

社会的信息化为人力资源管理找准了发展方向和目标，加强人力资源管理信息化建设已成为人力资源管理发展的战略重点，积极采取有效措施，使人力资源管理信息化在社会信息化的总格局中保持协调、同步发展，是当前的重要任务。

（一）人力资源管理信息化内涵的把握与理解

人力资源管理信息化是指在管理部门的统一规划和组织下，在人力资源管理活动中充分利用现代信息技术、资源和环境，对人力资源信息进行管理、深入开发和广泛利用，实现人力资源管理的科学化、现代化。

人力资源管理信息化是国民经济和社会信息化的一个组成部分，将人力资源信息和人力资源各项管理过程数字化，通过信息系统加工和计算机网络的传输，实现人力资源的合理配置与有序、有效开发利用，实现人力资源信息的社会共享。可以从以下几个方面把握和理解人力资源管理信息化的内涵。

1. 人力资源管理信息化是一个具有丰富内涵和崭新意义的概念

简单地说，人力资源管理信息化是电子化的人力资源管理，是利用或引进各种信息手段的人力资源管理活动。随着互联网、电子商务理论与实践的发展，人力资源管理信息化是蕴含了电子商务、互联网、人力资源业务流程优化、全面人力资源管理等核心思想在内的新型人力资源管理模式。这是一个完整的有机体系，大体包括：人、计算机网络硬件、系统平台、数据库平台、通用软件、应用软件、终端设备；各种信息手段和技术的综合利用，如呼叫中心、考勤机等终端设备；一些核心的人力资源管理业务功能，如招聘、薪酬管理、培训、在线学习、绩效管理等；人力资源管理者和一般员工、经理及总裁等，都与人力资源管理系统的基础平台发生相应权限的互动关系。可见，人力资源管理的发展离不开信息化，信息化又服务于人力资源管理的现代化。

2. 人力资源管理信息化包含三个层面

一是数据的电子化，把人力资源信息以一定的数据库格式录入到计算机里，以数字的形式保存起来，也称为随时查询的"数字化"过程；二是流程的电子化，把已经规范的一些流程以软件程序的方式固定下来，使得流程所涉及岗位员工的工作更加规范高效，减少人为控制和自行其是的管理行为，同时也能提升管理效率；三是对管理和决策的支持，通过对电子化的原始人力资源信息数据进行科学的加工处理，运用一定的计算模型，从而起到对管理和决策的支持作用。

3. 人力资源管理信息化是全新的管理模式

信息时代，管理模式与现代化信息技术的融合将是发展趋势。随着市场竞争的不断加剧，信息和时间已经成为越来越重要的竞争因素。求生存、求发展，增强市场竞争力，必须采用先进科学的现代化管理手段，应用计算机实现全方位的人力资源管理。由此可见，人力资源信息化是一种全新的人力资源管理模式，融合了互联网等信息技术和人力资源管理领域的最新理念、技术和新的思想相辅相成，共同推动人力资源管理系统向前发展，代表了人力资源管理的未来发展方向。

4. 人力资源管理信息化的实质是信息技术的应用

它是以信息技术为前提，创新管理理念，引入先进的管理思想和经营理念，实现观念创新、体制创新、机制创新、管理创新的过程。

5. 人力资源管理信息化建设是一场革命，是带动人力资源工作创新和升级的突破口

信息化是一个长期的发展过程，它意味着人力资源管理要进行深刻的变革，推动管理全方位的发展和进步。要不断采用现代信息技术装备人力资源部门，不

断提高管理、决策的效率和水平，极大地提高人力资源管理现代化水平，进而提高社会效益和经济效益。

随着信息技术的不断发展，人力资源管理信息化建设迎来了新的机遇与挑战。要转变管理职能、转变工作方式、转变工作作风，进一步提高工作质量和效率，增强服务能力，建立办事高效、运转协调、行为规范的人力资源管理体系，实施信息化的发展战略。

（二）人力资源管理信息化的目标分析

人力资源管理信息化不是简单的技术创新，必须做好总体规划，明确工作目标。应该站在战略目标的高度，从实际出发，针对信息时代人力资源管理的新特点，遵循其自身的基本规律和特点，制定实施信息化的总体目标，确立发展原则，统一规划、统一标准。

人力资源管理信息化的目标是：在管理部门统一规划和组织下，全面应用现代信息技术，切实加强人力资源信息的合理配置和科学管理，实现人力资源管理数字化、标准化、系统化、网络化，满足社会日益增长的对人力资源、人力资源信息的迫切需求，提高人力资源管理水平，增强人力资源开发和利用的主动性，适应社会信息化的要求，实现人力资源管理的跨越式发展。

现代信息技术是以计算机与通信技术为核心，对各种信息进行收集、存储、处理、检索、传递、分析与显示的高技术群。科学化、数字化、网络化是实现人力资源管理信息化的必由之路，其主要途径有：实现人力资源管理过程的技术信息化，在人力资源管理的各项业务环节，充分运用信息技术；要建立自上而下、分层有序的人力资源管理体系，推广应用现代信息技术作为管理手段和工具；构建人力资源信息化的基本框架，建设单位内部的办公业务网；建设以因特网为依托的人力资源公众信息网；建设数字化人力资源信息库。大力推进网络应用水平，建成标准统一、功能完善、安全可靠的人力资源信息网络平台，建成各主要部门业务网络系统，建成基础性、战略性、动态性的人力资源信息库；建成网络与信息安全保障体系，使人力资源管理信息化建设和应用整体水平上一个新的台阶。

人力资源管理信息化的目的是提高人力资源的工作效率、改善服务品质、提升人力资源工作的价值层次。应该以人力资源管理的业务为主导，适当配合国家、企业信息化的整体布局，推动人力资源信息的数字化和网络化，促进人力资源信息接收、传递、存储和提供利用的一体化，通过内联网、因特网进行内外部信息有效交流，实现人力资源信息高度共享，实现人力资源管理模式的变革。

二、人力资源管理信息化的必要性分析

实现人力资源管理信息化是社会信息化的要求，是国家信息化整体建设的要求，是人力资源管理自身发展的要求。人力资源管理信息化建设，对于人力资源管理事业的新发展具有十分重要的现实意义和深远的历史意义。在信息化时代，信息技术的迅猛发展，人力资源管理信息化的重要性日益突出，人力资源管理信息化面临极好的发展机遇。适应人力资源管理信息化的新形势，跟上国家信息化建设的步伐，加快人力资源管理信息化建设的进程，实现人力资源管理的跨越式发展，是摆在人们面前的重要而紧迫的任务。

（一）社会信息化的必要性分析

1. 信息时代的要求

新的历史机遇，使人们可以把工业化和信息化结合起来，以信息化带动工业化，发挥后发优势，实现生产力跨越式发展。21世纪，信息技术发展日新月异信息经济成为世界经济发展的新动力和新增长点，信息产业升级为发达国家的支柱产业，信息化成为国际竞争的战略制高点。社会信息化浪潮冲击着整个世界每个行业、组织都面临着较大的压力，人力资源管理同样将面临巨大的冲击和挑战。

以计算机技术、通信技术、网络技术以及多媒体技术为基础的网络环境逐渐形成，人力资源管理的职能、方式和手段将发生根本性变化，人力资源信息快速向数字化方向发展，电子信息大量产生和应用。如果人力资源管理信息化工作滞后，不仅会使人力资源管理与社会发展相脱节，而且也会影响和制约其他领域的信息化进程。实现人力资源管理信息化，是顺应信息时代潮流的最基本的策略。恰逢信息化快速发展这一历史契机，人力资源管理只有充分利用新的信息技术，适应新的社会环境，顺应时代的要求，积极寻求科学正确的应变之策，完善信息

化的管理模式，建立先进的信息系统，深度开发人力资源信息，优化和提高人力资源管理能力，才可能化挑战为机遇，担负起时代赋予的历史使命。

近年来，各企事业单位正在大力推进人力资源信息化管理，力图使人力资源管理与社会发展同步。随着信息技术的发展，加速人力资源管理信息化的进程，全面提升人力资源管理水平，将成为今后人力资源管理发展的必由之路。

2. 符合社会信息化发展的方向

社会信息化是社会生产力发展到一定阶段的产物，是一个使社会各个方面发生深刻变化的复杂过程。社会信息化的实质在于在整个社会体系中采用现代信息技术，深入开发、广泛利用信息资源，实现信息资源共享，提高工作效率，从而丰富人们精神生活，拓展人们活动时空，加速国家现代化进程，促进人类社会进步。

社会信息化具有极其丰富的内涵，涉及政府信息化、企业信息化、领域信息化、区域信息化、社区信息化、家庭信息化乃至个人信息化等诸多领域。其中，政府信息化是社会信息化的基础。信息化的核心在于共享信息资源。

为争夺发展先机，世界各国争相实施信息化战略。信息化战略是需要各行各业相互合作、共同努力的一项全国性、长期性和综合性的系统工程，其内容包括信息技术研究、信息基础设施建设、信息产业发展、信息资源开发。

人力资源管理信息化是社会信息化的有机组成部分，丰富了社会信息化的内容。在社会信息化进程中，各行各业都处于数字化信息社会的环境中，人力资源管理也必然向信息化、数字化、网络化迈进。社会信息化使人力资源管理面临一个全新的生存环境与发展空间，把人力资源管理融入社会信息化的潮流，才能具有活力和勃勃生机。

3. 信息时代科学技术的发展产物

人力资源管理信息化是应对全球科学技术迅猛发展形势的必然选择。人力资源信息化管理是以信息技术广泛应用为主导，人力资源信息建设为核心，信息网络为基础，信息人才为依托的人力资源管理模式。在信息时代，技术与管理是相辅相成的，技术参与管理，管理融合于技术之中。在这一背景下，无论是人力资源管理理论的研究还是管理实践，都需要信息化及信息技术的运用。在人力资源管理中，信息技术和管理模式的有机结合，使人力资源管理人员能够从繁杂的日常事务性工作中解脱出来，从而在复杂多变的环境中应对自如。

科学技术的发展给人力资源管理带来了新的机遇。抓住机遇，并努力学习和运用当代先进的科学知识与科技手段，加快人力资源工作融入信息社会的步伐，就能够推动人力资源信息化建设，就可以使人力资源管理事业和整个社会一起实现跨越式发展。

4. 社会对人力资源信息的需求发展

在信息时代，信息是最重要的资源，已经成为组织生存和发展的命脉，决定着组织的效益。信息社会的一个重要特征，是社会衍生的信息和社会对信息的需求同时激增，社会信息服务和信息技术业空前发达。人力资源信息与社会活动的关系密切。人力资源信息的管理水平及其提供利用的程度，直接关系组织的效率，关系企业的竞争力。面对人力资源信息激增和社会对人力资源信息需求增加、利用广泛的新情况，要提高管理与服务工作的质量，充分发挥人力资源信息的潜在价值，离不开计算机技术和信息通信技术的运用。只有实现人力资源管理信息化，充分发挥计算机网络系统处理与传输信息速度快、自动化程度高、可控性强、信息资源的共享面广等特点，才能满足信息社会对人力资源信息利用的需求，提高人力资源管理服务水平。

（二）企业信息化的必要性分析

大力推进企业信息化建议，需要以人力资源管理信息化为基础。人力资源管理信息化与企业信息化是相互依存、同步发展的，加强人力资源管理信息化建设，才能为企业信息化的发展注入新的活力。

1. 企业信息化重要的组成部分

人才是企业的支柱和发展的动力，人力资源管理信息化是企业管理信息化的重要组成部分。21 世纪社会经济发展主要依靠知识经济，知识的创造者与知识的载体——人将取代企业所拥有的其他资本，如土地、原材料、房屋、机器等，成为重要的战略性资源。谁拥有了具有国际竞争力的人才，谁将在竞争中占据优势。在这种发展趋势中，人力资源管理在企业管理中显得越来越重要，已成为企业管理的核心内容。人力资源管理的最终目标是促进企业目标的实现。当今的企业管理已经开始向信息化的方向发展，人力资源管理作为其中的一个极其重要的构成部分必将实现向信息化的迈进。

在推进企业信息化进程中，必须重视人力资源管理信息化的地位作用，提高对人力资源管理信息化重要性、紧迫性和艰巨性的认识，认识到人力资源管理信息化是实现企业信息化的重要保障，是应对经济全球化的基础。

2. 加快企业整体信息化建设的步伐

人力资源管理与企业发展之间具有极为密切的关系。人力资源管理状况直接影响企业的效益与发展，而企业的运行状态与发展又给人力资源管理与开发提供了基本框架。因此，人力资源管理信息化作为企业信息化建设的组成部分，一定要把握企业信息化的发展走向，跟上企业信息化的进程，从而达到加快企业整体信息化建设的目的。

人力资源开发与管理的模式是建立在企业基础管理的平台之上的。在企业信息化过程中，财务系统、制造系统、销售系统等部门局域化信息系统已日趋成熟，在企业中发展成为彼此独立的信息系统。人力资源管理信息化的程度还不够高，人力资源信息系统还处于初级阶段，这就要求推进人力资源管理信息化的进程，从而加快企业整体信息化建设的步伐。

3. 企业信息化的有效保障

20 世纪 90 年代以来，以计算机为代表的信息技术在企业设计、制造与经营中广泛应用，对提高企业市场竞争力起到了巨大的推动作用，拉开了企业信息化的序幕。企业信息化是指企业以业务流程重组为基础，在一定的深度和广度上利用计算机技术、网络技术和数据库技术，控制和集成化管理企业生产经营活动中的所有信息，实现企业内外部信息的共享和有效利用，以提高企业的经济效益和市场竞争力。而企业信息化的重要标志就是人本管理，即信息化企业的管理要以人为中心，通过调动人的潜能，最大限度地开发和利用信息资源，以推动企业信息化的进程。信息社会的发展，靠的是信息、知识和创新，而这三者的获取，只能缘于"人"，人本管理是企业信息化建设成功的保证，是实现企业信息化的核心和发展方向。

人本管理促进了信息化企业组织形式的转变。企业信息化要求企业组织形式与信息输入、输出、控制相一致，而传统组织形式很难适应企业信息化的需求。在传统组织形式下，信息自上而下流动，经过管理层次多，容易造成信息沟通时间长，信息传递失真，很难适应日新月异的信息技术和社会环境的变化。因此，传统组织形式开始衰落，一种横向网络组织结构逐渐形成。

人力资源管理信息化与企业信息化关系密切。人力资源管理信息化服务于企业信息化，支持企业信息化目标的实现。人力资源管理信息化是以企业信息化为依据的，同时又影响企业信息化的进程。人力资源管理信息化程度高，就能更好开发人力资源，培养企业信息化建设人才，培养具有献身精神的员工，创造良好的工作氛围，这是企业信息化目标得以实现的有效保障。

（三）自身发展的必要性分析

当今社会的网络化趋势成为时代潮流，人力资源管理方法与模式发生着深刻的变化。为了确保人力资源管理在发展的社会环境中有效运转，必须根据新的技术环境和社会需求进行信息化建设，设计、建构整个人力资源信息管理系统的结构体系和运转模式，实现人力资源信息的网络化共享。人力资源管理信息化是其自身发展的必然选择。

1. 提升人力资源的管理水平

社会信息化为人力资源管理的发展融入了新的观念、方法和技术。面对以计算机网络为主导的信息技术革命，人力资源管理的传统技术手段已远远落后于技术发展，传统的工作模式的局限性表现得更加突出。随着信息化的发展，人力资源管理者开始树立先进的人力资源管理理念，希望不断提升自身管理的层次，达到工作标准化、科学化，为中高层管理者及员工提供更好的服务。但是各种繁杂的行政事务、工作流程的运转、人际关系的处理束缚了他们的手脚，有必要运用信息技术提高工作效率和质量。在人力资源管理中，信息技术和管理的有机结合，使人力资源管理者能够从日常事务性工作中解脱出来，从而有时间和能力进行更深层次的管理。例如，寻找企业最需要的人才，激励现有员工的工作热情，对全体员工进行公正的测评，最佳配置企业的技术和管理骨干，为全体员工提供最好的服务。要提升人力资源管理水平，必须解放思想，解放生产力，通过压缩例行事务的处理时间，使人力资源管理者考虑更多战略层次的问题。信息技术在人力资源管理中的应用，将有力地帮助人力资源管理者在多变的环境中应付自如，完成历史赋予人力资源管理者的使命。人力资源管理只有由传统管理向现代化管理模式过渡，才能有效地改变现有人力资源管理工作的面貌。

人力资源管理信息化能够提升业务管理水平。通过人力资源信息管理系统，对员工信息、薪资福利、考勤休假、工资发放、人员招聘、工作调动和岗位轮换工作进行管理，可以使管理更科学、更规范。

人力资源管理信息化能够提升决策管理水平。采用和实施人力资源信息管理系统，对信息进行整合，形成全面、准确、客观的信息，生成综合的分析报表，供决策者在决策时参考，让决策者对人力资源的现状有一个比较全面和准确的认识。例如，在薪资普调或薪资体系变更前，生成按岗位的历史薪资分析报告等，可辅助企业领导决策科学化。

人力资源管理信息化能够提升沟通管理水平。信息化推动人力资源的整合，又有利于人力资源的优化。人力资源管理软件的应用，可以实现人力资源管理者、部门主管、普通员工和分公司的管理人员在同一个系统平台上工作和沟通，实现数据的集中统一和广泛应用。各个层次的人员都可以参与到人力资源管理中来，使得人力资源管理部门与其他各部门和员工关系更加和谐，合作性更强，员工可以自助服务，降低人力成本。特别是对人的认识和管理，对"人"的价值的深层发掘，能够充分依靠信息进行科学系统分析，避免以感性为主，体现以人为本，达到有效的沟通管理。

总之，人力资源管理信息化建设的过程就是自身管理水平提高的过程。由传统的手工管理向现代化的计算机管理转变，由无序化管理向系统化管理转变，注重人力资源管理的主动性和策略性，管理的内容更加丰富，工作方式更加透明，实现人力资源管理的改进和提高，适应信息化发展的需要。人力资源管理信息化的建设将为组织人力资源管理工作的更好开展做出重要贡献，为今后企业进行信息化建设打下良好的基础。

2. 努力实现人力资源的信息共享

随着人力资源管理信息化，人力资源信息网络的建立不仅使人力资源信息的检索、传输更加快速、准确，人力资源信息的提供能够超越时空，而且可以充分发挥信息网络对信息资源的共享、综合集成优势，一体化地提供网上人力资源信息。同时，借助于互联网络无处不及的用户终端，为分布各地的用户提供适时服务，使人力资源信息服务的内容和方式提升到一个新的层次。

特别是随着社会的信息化、工作过程公开化，大幅度提高了人力资源管理的透明度。组织的岗位选聘，将采取公开竞争、平等考试、择优录用的方式；员工的提拔或奖惩，采取以民主方式制定评估标准，经过公开评议，然后提出建议报批通过；工作的分配，要将岗位及任职条件公之于众，具体的管理程序及最后的分配方案要公开化，从而得到员工的监督。这不仅可以避免舞弊，而且提高了员工的参与程度，为人力资源信息的共享奠定了基础。

3. 搭建人力资源管理的社会化环境

信息时代网络的开放性为人力资源管理提供了良好的社会化环境。发达的人才信息互联网络，提高了人力资源管理的社会化程度，人力资源管理信息化的建设将使人力资源部门逐步融入网络社会。随着市场经济的发展，人才的社会化程度越来越高，流动性更大。人才的高流动率要依靠人才需求的信息联网，人才资源市场上的人才供需信息要逐步实现全国联网，使任何人都可以通过各种现代手段，了解用人单位的性质、空缺岗位及岗位对人员的要求等信息，以实现人力资源信息价值的增值。信息价值是信息主体与信息客体间潜在的利用关系。人力资源部门一方面借助公共网络获取人力资源信息，将分散于不同部门或保存地点的人力资源信息通过网络联结为虚拟的整体；另一方面通过网络发送人力资源信息，网上的用户通过网络获取人力资源信息。互联网络将人力资源部门和现代社会紧密地联结在一起。人力资源部门与网上用户的跨时空交流，必然改变人们对人力资源价值的认识，提高人力资源信息的利用率，使人力资源信息价值增值。

4. 不断规范人力资源管理的业务流程

计算机网络和信息技术为人力资源管理创新提供了有力的手段，将先进的管理思想和经营理念引入管理业务中，从人员聘用到员工离职，人力资源信息系统涵盖了从岗位、绩效、薪酬到培训方案、继任者计划等一系列工作模块，运用互联网和个人电脑，实现了人力资源管理工作的系统化、模式化和集成化，全面实施业务流程重组。

5. 为企业与员工提供超值服务

人力资源管理的根本任务是忠实服务于企业管理层和员工。常规的事务性工作已经不能满足企业良性运转的需要，及时、准确的人力资源信息是实现增值服务的保证。一线经理们想要获取某一岗位任职者的最佳人选；部门主管希望了解哪些员工可以参与轮岗或轮班；管理层渴望知道谁是最佳雇员，哪些员工需要哪种类型的专业培训，谁是继任者计划的最佳人选，人力成本的构成和使用情况如何，等等。实现人力资源管理信息化，通过人力资源信息系统，可以满足企业管理层和员工的需求，提供超值服务。

6. 积极促进人力资源管理效率的提高

人力资源管理信息化的最直接的结果，是工作效率的极大提高。传统的人力资源管理中，人力资源工作人员把大量的时间、精力花费在日常行政事务性操作上，被烦琐的日常工作所束缚，无暇顾及更为重要的策略性工作。技术的进步，办公自动化的实施，以计算机和通信为主体的现代信息技术的应用，使人力资源管理发生了变革，许多工作环节通过联网的计算机来进行，行政事务上的工作可以由电子化系统完成，工作人员的劳动强度降低，工作效率空前提高。人力资源管理者可以把工作重心真正放在服务员工、支持公司管理层的战略决策，放在公司最重要的资产——员工和员工的集体智慧的管理上，把精力放在为管理层提供咨询、建议上。人力资源管理信息化最终目的是达到革新管理理念，改进管理方式，优化人力资源管理。

人力资源管理信息化大大提高了人力资源部门的组织效率。局域网系统的建立及其与外部互联网络的接通，为人力资源信息的输入、处理和输出以及人力资源部门工作信息的流转提供了高速、便利的信息通道，减少了工作中的冗余环节和决策失误。

人力资源管理信息化进一步提高了人力资源工作的投资效率。网络环境下，业务过程中的物质流动和人员流动更多地让位于快捷高效的信息传递。无须再依靠纸质文件或纸质复印件来传递人力资源信息或工作信息，节约了制作这些传统媒体所需的资源。通过网上硬件、软件和数据信息共享，减免了不同部门、各个环节重复配置这些资源所需的投资，人力资源管理的投资效率提高。

7. 带来社会与经济效益

市场化程度、全球化程度越高，越重视信息化带来的效应，信息化的带动作用也越明显。人力资源管理信息化的实质就是借助计算机、互联网等信息手段将人力资源管理流程现代化、人力资源信息数字化，使人力资源合理配置，从而使企业能够适应瞬息万变的市场经济竞争环境，求得最大的经济效益。

现代管理都是以提高效益为目的，管理效益是衡量管理工作的价值标准。现代人力资源管理作为一种重要的管理活动，其各个环节、各项工作都是围绕提高社会效益和经济效益展开的。人力资源管理部门将人力优化组合，使员工形成一个系统整体，产生整体功能，带来更大的效益。

人力资源管理信息化能够带来直接和间接经济效益。在直接经济效益方面：减轻了人力资源管理人员的日常事务性工作时间，避免了重复劳动，只要将原始记录输入计算机，计算、分类、存储等工作都可由计算机自动完成；工作强度会大大减轻；通过数据挖掘，对人力资源管理的所有信息进行分析，形成各种统计报表和图表，为公司领导更好、更快地进行决策和解决问题提供支持。在间接经济效益方面：拓宽了沟通渠道，改善了沟通途径，使得人力资源管理者、部门主管、员工和分公司之间的信息得以充分共享，提高整体工作效率和满意度。

企业管理内部网络的建立，使部门之间的工作衔接更加紧密，大大加快了业务办理速度，在一定程度上促进了资金周转速度的加快，从而为企业提高经济效益奠定了良好的基础。

三、人力资源管理信息化的主要任务

当前人力资源管理信息化建设的基本任务是抓住信息时代的机遇，把握信息化战略目标，建立和贯彻落实人力资源管理的法规和标准，在各级各类人力资源部门广泛推广应用现代信息技术和网络技术，建设人力资源信息库，建设人力资源信息网络，建设人力资源管理信息化人才队伍，提高人力资源工作者的素质，对人力资源信息进行有序化整理和数字化管理，加速实现我国人力资源管理现代化的进程。

（一）建设人力资源管理信息化标准规范

标准规范是人力资源管理信息化建设的重要基础之一，是信息化快速、有序、健康发展的保障。只有在统一的规划和统一的信息技术标准的指导下才能真正推进信息化的发展。标准规范建设，应以面向业务过程的流程为主线进行考虑和分析。标准的制定，既要符合国家、行业标准要求，还要考虑与国际接轨。在充分调研的基础上，根据信息化建设国际标准和通用规范，逐步推出适合的相关标准规范，从管理、法制和技术等方面规范和协调人力资源管理信息化各要素之间的关系。

要全面贯彻推广与电子政务、电子商务相关的法规和标准；建立符合人力资源管理信息化要求的制度，健全人力资源电子文件归档、电子档案管理、信息公开和信息安全、网站建设与管理等方面的规章，制定人力资源信息采集、整合方面的标准，加快建立健全人力资源管理信息化标准实施机制，形成有效的人力资源管理信息化建设激励约束机制，促进管理能力、决策能力、服务能力得到改善和加强。要制定和实施一体化的信息资源管理法规和政策，实现对各种信息资源的有效控制和高质量的开发利用，规范人力资源电子文件归档和电子档案管理，规范人力资源信息标识、描述、存储、查询、交换、管理和利用等，逐步形成关于信息化的标准规范体系，促进人力资源信息开发利用的政策法规和标准的制定，保证人力资源管理信息系统的良性运行与健康发展，推动人力资源管理信息化建设有序进行。

（二）建设人力资源管理信息化技术设施

人类社会从农业社会到工业社会再到信息社会，每一次发展和进步都与科学技术的发展息息相关，人力资源管理信息化的关键是技术建设。

1. 办公自动化技术

手工办公方式与不断增长的办公业务量之间的矛盾日益尖锐，人力资源信息量迅速膨胀与信息的社会需求迅猛增长之间的矛盾更加突出，依靠手工管理，利用人工手段进行庞大的人力资源信息的收集、处理、分析及科学决策已经不能适应时代发展的要求。因此，改变办公模式，将办公业务的处理、流转、管理过程电子化、信息化，实现办公自动化，是人力资源管理信息化的基础任务。人力资源管理现代化与办公自动化应同步建设、同步发展，建设自动化、网络化的电脑办公系统，实行联网运作、联网监控、联网审批。逐步实现文件、信息等主要办公业务数字化和网络化、文字材料的无纸化传输、各种应用资料的随机查询，以及文件制作及管理电子化作业。通过网络交换电子文件和资料，并逐步建立多媒体应用系统，为中心工作服务，为经济建设和社会发展服务。

2. 软硬件基础设施建设

软硬件基础设施建设是加强人力资源管理现代化的前提，是人力资源管理信息化建设不可缺少的基本条件和重要保障，是人力资源信息开发利用和信息技术应用的基础，是人力资源信息传输、交换和资源共享的必要手段。软件设备主要涉及文字、数据、声音、图像处理系统以及各种数据库、管理信息系统、决策支持系统，实现系统的开发、新建、完善、推广或升级。软件投入将是信息化的重点。硬件设备主要有计算机设备、通信设备、轻印刷设备、信息存储设备以及电子会议支持设备等。为了实现信息化，购买必要的硬件设备是最基本的环节。在硬件投入方面更多的将是设备的升级与换代，使硬件平台不断完善。配置高性能的软硬件基础设施是人力资源管理信息化的保障，是充分发挥人力资源管理信息化的整体效益的前提。

3. 网络建设

人力资源管理信息化的核心是网络建设。要利用现代信息技术来改善管理模式，架构一个共享资源的平台，提高计算机和网络技术在人力资源管理中的应用程度，逐步提高人力资源管理信息化水平。网络建设包括局域网建设、互联网建设。局域网的设立是各项工作的基本条件。近年来，相当数量的人力资源部门建设了内部局域网，实现了与办公自动化网络系统相连通，在互联网建立了站点。信息化以大力推进各级人力资源部门内部局域网建设和连接各单位的外部网建设为基础，以互联网网站建设为重点，在国际互联网上建立人力资源网站或主页，为人力资源工作公开和人力资源信息的更好服务开辟新的渠道，加强信息联系、沟通及互动交流。所有接入互联网的计算机严禁存储涉密人力资源信息，凡存储涉密信息的计算机必须与互联网进行物理隔离。人力资源信息网络建设，可以更好地提高工作的透明度，降低办公费用，提高办公效率、大幅度提高人力资源管理者的信息化水平。

（三）开发和利用人力资源信息

人力资源信息是社会发展的战略资源之一，它的开发和利用是人力资源管理信息化的核心任务，是人力资源信息化建设取得实效的关键。人力资源信息开发利用的程度是衡量人力资源管理信息化水平的一个重要标志。

1. 人力资源信息库的建设

人力资源信息建设的重点是人力资源信息库。人力资源信息库包括社会就业、专业人才档案、人才中长期供需预测等信息。要以加快人力资源信息的数字化进程为基础，以电子文件的归档和管理为重点，充实与完善现有数据库，将人才供需信息上网发布，实现人力资源信息的电子管理和动态查询，采用相关技术将已有各类高质量的数据库实现互联，提高资源的利用率，加强人力资源信息建设。信息化建设，必须从信息资源建设抓起，信息资源是信息化建设的基础和核心。

2. 人力资源信息的有序整理

随着信息化时代的到来，在未来信息社会，决定一个国家和地区生产力发展水平的不再是自然资源、历史条件等，而是包括知识在内的各种信息，信息将成为知识经济时代最为重要的资源。可以说，以信息资源有效开发和应用为标志的信息化是一场信息革命，它意味着各种相关信息行业都必然随之进行深刻的变革，走信息化的道路，从而推动社会全方位的发展与进步，这是社会发展的潮流。作为信息资源重要组成部分的人力资源信息同样具有重要的社会价值，其价值实现的基础是人力资源信息的科学有序。人力资源信息的整理是使信息从无序到有序的过程，通过利用科学的原则和方法，对信息进行分类、组合，形成有机体系。它是人力资源信息有效沟通的保证，是信息开发和利用的重要手段，促进人力资源信息的社会共享，对人力资源管理具有重要的意义。

3. 人力资源数字信息建设

信息技术和通信设施的存在，有力地推动了信息数字化。数字化是信息技术发展的重要特征。只有数字化的信息才能计算机化，才能通过数据通信网络进行传输。

人力资源信息的数字化是利用数据库技术、数据压缩技术、高速扫描技术、光盘存储技术、多媒体技术、网络技术等技术手段，将数据、图形、图像、声音等信息转化为二进制代码，系统组织成结构有序、整体统一的数字化信息。

现阶段人力资源数字化信息形成的主导方式是键盘录入和光学字符识别（OCR）扫描输入。键盘录入是一种手工转换，以汉字键盘录入而言，常用的录入方法主要有五笔字型、自然码、拼音码、音韵码、智能码等，缺陷是速度慢、效率低、成本高。光学字符识别扫描输入技术是一种较为先进的自动化信息资源输入技术，是信息资源数字化的主要手段，通过扫描仪将原文件转换为适于计算机处理、存储和高速传输的数字化图像。

利用计算机可以直接产生数字化信息。人力资源部门使用单机起草文件、制作文件目录等，形成的文件数据就是数字化的。在计算机模板中储存有各种常用的文件格式，只需输入文件各数据项目的具体内容，计算机便可自动生成具有规范格式的文件。在办公自动化系统中形成的文件数据或从网上接收、通过网络产生并向外发送的各类文件数据都是数字化信息。随着多媒体技术的广泛应用，办公自动化过程中产生的数字化信息形式多样，不仅有简单的文本形式，还有语音形式。语音处理技术可以通过语音识别与语言合成将人的语言转换成语音邮件在网上传送。通过软件转换，视频邮件也可转换成电子邮件，以数字化文本方式传送或存储。利用数码相机直接摄取的数字影像满足文件要求，也属于数字化信息。随着信息技术的普及和发展，公用信息平台与信息系统实现联网，人们借助计算机系统生成的人力资源数字化信息越来越多，可以提供目录网上查询，有选择地公布信息和提供信息全文浏览服务。

模拟转换过程中可以产生数字信息。模拟转换是将模拟信息转换成数字信息，以便计算机处理的过程。模拟信息要转变为数字信息要通过相应的转换设备。对于图像信息可以通过扫描仪将模拟图像分解为由像素构成的数字图像；若为影视图像则需要通过视频存储器或影视图像数字卡将模拟影视图像转化成数字影视图像。通常利用扫描仪将文件上的所有信息内容复制到计算机里，生成图像文件。纸质文件通过扫描可以形成数字图像，数字图像再通过光学字符识别

（OCR）系统，进一步由图形文件转化成字符文件，字符文件可通过关键词达到全文检索等。

人力资源信息的数字化是信息化建设的一项迫切任务，是人力资源信息网络建设的基础性工作。为确保数字化人力资源信息的质量，实现人力资源信息数字化的既定目标，数字化工作必须遵循规范、安全、效率原则。规范原则是指人力资源信息必须按照规定的技术模式、文本格式和工作标准进行数字化，并尽可能采用通用标准，减少因存储格式和软件平台的不同而进行转换所造成的资源浪费，提高信息存储传输的效率，选择最佳的人力资源信息数字化方案。安全原则是指在人力资源信息的数字化过程中确保信息原件的安全，最大限度保持信息的本来面貌，避免数字化人力资源信息内容的失真，对具有保密性、不宜对外开放的人力资源信息，原则上不应列入数字化范围；对于内容敏感或者有使用范围限制的数字化信息，应采用密文方式数字化或为数字化信息设置必要的识读密令。效率原则是指人力资源信息的数字化工作必须讲究效率和效益，选择最优化的人力资源信息数字化方案，采用最优化的工作流程、最合理的技术模式和最适宜的数字化加工系统设施，加强人力资源信息数字化工作的社会化和协作性，从总体上提高信息数字化工程的投入效益。

（四）建设人力资源管理信息化应用系统

应用系统建设是信息资源开发利用和信息网络建设的技术保障。人力资源管理信息化既要重视软硬件基础设施建设，又要注重应用系统建设，根据实际情况建立和完善人力资源管理信息系统。

人力资源管理信息系统是信息化发展的重要进程，也是人力资源管理现代化的必然产物。人力资源管理信息系统是一个利用计算机硬件和软件进行分析、计划、控制和决策的人-机系统。以计算机为工具建立人力资源管理信息系统，获取支持自身发展的各类最新信息，处理日益增多的信息量，并通过人力资源招聘、考核、培训体系及时将信息转化为竞争力，能够提高管理效率、管理水平和管理效益，实现人力资源管理者办公模式的转变，实现人力资源信息的广泛交流。

人力资源管理信息系统的开发和运行能够产生巨大的效益，但必须具备一定的条件。要有领导的重视与业务人员的积极参与，要有高水平的专业技术团队，管理信息系统的开发、分析和设计应建立在科学管理的基础上。

（五）建设人力资源管理信息化人才队伍

人才是最宝贵的资源，人才队伍建设是信息化成功之本，是保证信息化建设持续发展的关键，对信息化其他各个要素的发展速度和质量起着决定性的作用。因此，要坚持以人为本，始终把培养人才、建设队伍、提高人的素质放在第一位。信息化管理涉及计算机信息管理技术、网络技术、企业管理，需要综合型、复合型的人才，要求他们具备坚实的现代管理科学的理论知识，熟练掌握现代信息技术手段和系统工程方法，具有创新思维和组织能力。要加大培训力度，有针对性地进行各种形式的业务培训，特别要加强对信息化理论知识、计算机知识与技术、信息开发技术、网络技术、信息化系统应用等方面内容的培训，不断提高信息技能。要把人力资源管理信息化建设的过程作为锻炼队伍、培养人才的过程，成为边学习、边实践，不断总结、不断提高的过程。

四、人力资源管理信息化对企业经营的意义与影响

信息网络技术在企业中应用越来越普遍，人力资源管理的信息化效应逐渐显现。在公司的运营中必须以先进的人力资源管理理念和公司生产经营的实际情况，创建高效的人力资源管理计划，为公司健康可持续发展奠定坚实的基础。人力资源管理的信息化需要所有员工的参与，并且作为基础，可以实施公司的战略变革。

（一）人力资源管理信息化对企业经营的意义

1. 有助于公司人力资源的有效管理

人力资源管理的信息化采用计算机技术实现。公司人力资源管理相关人员的培训和就业可以逐步有效地实施，同时避免过度依赖人力资源，大大减少了错误的可能性，减少了人力资源管理所花费的时间，提高了效率。

2. 有利于提高人力资源管理计划实施的顺畅性

企业发展往往需要很长一段时间。业务发展过程揭示了机构和人力资源管理

问题，了解业务管理问题有助于制定具体的问题解决策略并提高企业管理的效率，必须促进企业发展，提高企业经济效益。人力资源管理的信息化有助于实现上述目的，从而有助于实施各种人力资源管理决策。

3. 有助于提高人力资源管理水平

人是业务发展的基础，公司人力资源管理的内部工作侧重于公司人员。为了最大限度地提高公司人力资源管理的有效性，有必要扩大人力资源管理的范围。与人力资源管理有关的若干方案应广泛适用于人力资源管理进程。这样，人力资源管理部门与其他部门之间的信息交流将更加顺畅，管理工作的实施将是"大规模"基于人力资源管理和内部人力资源信息的概念。

（二）人力资源管理信息化对企业经营管理的影响

首先，规范了企业经营管理流程。人力资源管理信息规范了公司的管理和控制流程，使其能够参与公司各方面的发展规划。公司生产和运营所需的人事管理计划的优化得益于此。在人力资源管理的情况下，信息管理模式颠覆了传统的工作方式。复杂的行政问题逐渐被信息系统所取代，进一步提高了工作效率。在建立人力资源管理信息的同时，必须使用先进的信息方法来规范人力资源管理流程。从招聘流程到配置，绩效评估，培训和其他任务，需要执行这些任务以实现业务流程合理化。信息管理模式可以促进人力资源管理的合理化和系统化，使员工能够在短时间内准确地收集必要的人力资源信息，促进企业健全、高效地发展。

其次，促进了企业人力资源管理角色的转变。在传统的工作方式中，人力资源管理工作主要通过人工操作完成，包括简单的工作，如员工评估、工资计算和许可审批协助。这类工作对人力资源经理来说非常耗时，因此很难用现有的工作模式进行创新。此外，手动操作模式不仅效率低，而且容易出错。获得的信息的准确性通常不符合理想标准，并且不可能获得业内最先进的信息。因此，很难在业务决策中发挥必要的支持作用，人力资源管理信息的应用为解决这些问题提供了新的思路。公司员工可以在线完成日常运营申请，大大减轻了人力资源经理的困难。在线审批和报告工作模式也可以通过在短时间内做出决策，在促进公司健康发展方面发挥积极作用，同时提高信息获取的准确性和及时性。在构建信息化的背景下，人力资源管理已经完成了职能角色的转变，积极承担了企业生产和业务发展的战略重要性、前景设计、人力资源规划和员工专业配置，开展的工作得到了显著改善。信息化使员工获得前沿的管理信息，实现了管理思想转化和管理方法创新。作为管理者，在信息化人力资源管理的背景下，可以直接依靠信息系统获取有关员工的信息和公司的宏观层面，进而在短时间内做出响应。

再次，信息化的管理可以提升管理效率、节省开支。信息管理的一个重要作用是它还可以通过信息技术的运作来提高公司的管理效率。在过去的管理过程中，一些管理程序相对复杂，采用人为操纵的管理方式，效果缓慢且劳动强度大，一旦控制结束，效果就不那么明显了。例如，在人员管理培训系统中，采用面对面培训系统的过程耗时且耗费人力，但是通过采用信息培训系统，可以使用大量的在线课程进行在线培训。员工可以在不同时间进行培训，响应成本相对较低。人力和物力资源的贡献可以极大地提高管理效率。

最后，实现了与其他管理系统的高效衔接。信息技术与人们的生活密切相关。信息技术在人力资源管理中的应用是促进企业良性发展的有力支撑。它不仅可以创新公司人才的管理方法和理念，还可以为公司的提供持续发展的动力。它还有助于管理者制定科学合理的业务战略，提高员工效率，促进不同部门的协调运作。公司的管理体系是整个公司发展的核心，这包括人事管理系统、财务系统和其他管理系统。这些子系统连接到中央系统。子系统之间是相互独立的，如果人事管理系统与每个子系统关系更密切，则会产生影响。因此，人事管理系统需要与信息化的发展趋势联系起来，不断优化管理模式，以便与多个子系统有效联系，促进企业的合理发展。

第二节 现代人力资源管理信息化的人才与系统建设

一、人力资源管理的信息开发与人才队伍建设

（一）人力资源管理的信息开发

人力资源信息开发是根据大量客观存在的信息事实和数据，以各种载体和各

种类型的信息为基础，运用判断与推理、分析与综合等多种方法，提供不同层次的信息服务。人力资源信息开发的目的，是对人力资源潜在能量的挖掘，促使人们更加充分有效地运用人力资源信息，发现人才、任用人才，实施人才发展战略。

1. 人力资源信息开发的作用

（1）最大限度发挥经济和社会价值

信息技术的快速发展，为深度开发和广泛利用人力资源信息创造了前所未有的条件。树立和落实科学发展观，根据社会需要，全面、及时、准确地提供人力资源相关信息，充分开发利用反映劳动、工作、保险福利以及人力资源管理方面的信息，强化人力资源管理，能够加快人力资源管理制度的建立，使信息流更加有效地引导人员流、物资流和资金流，实现对物质资源和能源资源的节约和增值作用，带来直接和间接的社会和经济效益。

随着政府、社会公共服务、企业上网工程的深入发展，办公自动化的普及和电子商务的发展，人力资源数字化信息数量不断增加，人力资源信息也越来越丰富，不断满足社会各项事业对人力资源信息的需要。人力资源管理部门要通过各种有效的方式，最大限度地发挥人力资源信息的价值效用，更好地为社会发展和进步服务。

（2）发挥人力资源信息的价值

在信息社会中，信息价值往往体现在运动中。只有处于运动中的信息，才能被人们随时捕捉到，进而发挥作用。处于静态中的信息，即使蕴含巨大的价值，如果不能得到及时充分的开发利用，其潜在价值不能转化为现实价值，也就无法有效发挥作用。

人力资源部门保存并积累了大量人力资源信息，人力资源信息的存储和传递就是为了有效地提供利用，即把静态中的信息变成动态信息，进而无止境地开发利用，直接体现信息的使用价值。人力资源信息是人力资源活动的原始、真实的记录，及时、有序、系统地开发利用人力资源信息，就是揭示人力资源信息的使用价值，发挥人力资源信息富有生命力的独特作用。

（3）加大人力资源的管理服务

在一切管理系统中，人是最主要的因素，是最活跃、最能动、最积极的要素。组织活力的源泉在于劳动者的创造力、积极性和智慧。要充分挖掘、准确识别和长足发展人的潜力和能量，必须开发利用人力资源信息。

加强人力资源信息的开发利用，是人力资源管理的基础和可靠保证，也是人力资源管理的根本目的。人力资源管理的各项活动都必须充分利用信息。参与决策、建立企业优秀文化、决定组织的结构需要信息；设立人事选拔标准、制订招聘计划、建立新的招聘市场、确定职业发展途径、制订员工开发计划要建立在充分信息的基础上；实施招聘计划、设立并运作控制系统、管理报酬项目、建立年度绩效评估系统、贯彻员工培训计划、安排员工上岗或转岗需要信息。有关人力资源招聘、培训、晋升等具体计划的信息的提供利用，可以便于员工据此制订自己的发展计划，有助于提高员工留任率。员工的教育、经历、技能、培训、绩效等信息的利用，可以帮助了解并确定符合某空缺职位要求的人员，对内部人员晋升非常重要。为了有效地进行工作设计，必须通过工作分析，全面了解和把握工作现状。只有获得工作单位以及工作本身所需完成的任务方面的详细信息，管理者才能选择适宜的方式来进行工作设计。

必须指出，现代人力资源管理是一个开放的系统，人力资源管理的发展过程是一个适应外部环境变化的过程。人力资源管理者必须时刻接受外界环境输入的信息，利用这些反映人力资源发展趋向与需求的信息，适时地改变人力资源管理的目标、战略、方式、措施、技术，才能使人力资源管理发生适当的变革，适应环境变化，服务于社会。

（4）为决策者提供有效信息依据

决策对管理的影响作用大，而且影响持续的时间长，调整起来比较困难。进行正确的决策，需要完整、准确、真实的人力资源信息。人力资源的供需状况、人力资源的素质、人力资源的工作绩效与改进、人力资源培训与开发的效果等信息，可以为决策的确定提供内在保证；劳动力供给的状况、竞争对手所采用的激励或薪酬计划的情况以及关于劳动法等法律方面的信息，能够为决策制定提供外在依据。充分开发利用人力资源信息，才能保证客观、科学地进行决策。

（5）积极促进人的潜能开发

人是生产力中最基本、最活跃、最关键的因素，提高人的素质，充分调动人的积极性、创造性，合理利用人力资源信息，是提高生产力水平的主要途径。人力资源信息对于开发人的智能，调动人的积极性和创造性，推动经济社会发展具有重要作用，是科学合理开发人才资源的必要条件。人才的筛选、识别和管理，制定人才机制，进行人才战略储备，都需要掌握大量的信息。充分挖掘人的潜力，提高人的素质，发挥人的聪明才智，关键在于对人力资源信息的开发和管理。人力资源管理部门以信息为依据，根据经济、社会发展的需要，从战略目标出发，有计划、有步骤地实施人才培养计划，进行吸收、选拔、任用等一系列管理活动，使人才的培养与岗位的要求，个人的发展与组织的目标相适应。

（6）为制订人力资源规划提供数据

现代竞争的根源是人力资源的竞争。一流的人才才能造就一流的企业。人力资源规划是单位的长期人力资源计划。要做到规划的科学性，必须根据经济社会发展的需要，制订出一定时期人才需求规划。依据人力资源信息，才能根据社会环境状况、单位的规划、组织结构、工作分析和现有的人力资源使用状况，处理好人力资源的供求平衡问题；才能科学地预测、分析环境变化中人力资源供给和需求状况，制定必要的政策和措施，合理分配组织的人力资源和有效降低人力资源成本，确保组织的长远利益。

2. 人力资源信息开发的类型

人力资源信息开发的主体是人员；人力资源信息开发的客体是有一定实体整理基础的信息；主体要对客体进行作用，即人力资源部门要对信息进行重新整合加工，将信息中的内容与其原载体相脱离进行重新组织，使客体形成系统化、有序化的状态。在人力资源信息开发利用过程中，可以按照主体对客体的作用程度进行信息分类。

（1）按照加工程度分类

按照对信息加工的程度，信息开发分为浅加工和深加工。浅加工是指对人力资源信息进行压缩提炼，形成信息线索并存储在一定载体上的过程，即信息检索工作。深加工是根据一定的需求，对庞杂的人力资源信息进行系统化、有序化的过程，以解决利用者需求的特定性与人力资源信息量大、有杂质的矛盾，即信息编研工作。

（2）按照加工层次分类

按照对信息资源加工的层次，信息开发分为一次信息开发、二次信息开发和三次信息开发。

①一次信息开发

一次信息开发在人力资源管理活动中直接形成的原始信息，具有直接参考和凭证的使用价值。对一次信息进行开发有利于把无序的原始信息转变成有序的信息，节省收集原始信息的精力和时间，提高利用率。其主要形式有剪报、编译。

②二次信息开发

二次信息开发是对一次信息进行加工整理后而形成的信息，专门提供信息线索，供人们查阅信息来源。它是对信息加工而得到的浓缩的信息，容纳的信息量大，可以使人们在较短的时间对一定范围内的信息有概括的了解。其主要的开发形式有目录、索引。

③三次信息开发

根据特定的需要，在一次、二次信息的基础上，经过分析研究和综合概括而形成更深层次的信息产品。从零星无序、纷繁复杂的信息中梳理出某种与特定需求相关的内容，解释某种规律性的认识，并最终形成书面报告，从而为管理决策服务。三次信息是高度浓缩的信息，提供的是评述性的、动态性的、预测性的信息。其主要形式有简讯、综述、述评、调查报告。

3. 人力资源信息开发的不同形式

（1）编写材料

①编写工作说明书

工作说明书的编写，是在职务信息的收集、比较、分类的基础上进行的，要根据工作分析收集的信息编制工作说明书，可以帮助任职人员了解工作，明确责任范围，为管理者的决策提供参考。工作说明书是对有关工作职责、工作活动、工作环境、工作条件以及工作对人员素质要求等方面信息所进行的书面描述，一般由工作描述和工作要求两部分组成。工作描述是对工作职责、工作内容、工作条件以及工作环境等工作自身特性所进行的书面描述。工作要求则描述了工作对人的知识、能力、品格、教育背景和工作经历等方面的要求。

②编写人员供给预测材料

人员供给预测包括内部供给预测和外部供给预测。要充分利用信息，对信息进行综合分析，进行人员供给预测。要收集有关人员个性、能力、背景等方面的信息，分析研究管理人才储备信息，如工作经历、教育背景、优势和劣势、个人发展需求、目前工作业绩、将来的提升潜力、专业领域、工作特长、职业目标和追求、预计退休时间。在对信息进行综合分析的基础上，编制出"职业计划储备组织评价图"，编写人员供给预测信息材料。

编写人员供给预测材料，必须收集和储存有关人员发展潜力、可晋升性、职业目标以及采用的培训项目等方面的信息，同时要获得目前人力资源供给的数据，包括：个人情况；工作历史；培训经历以及职业计划；目前的工作技能；累计数据，如员工总数以及他们的年龄分布、教育程度等，明确目前的人力资源供给情况，有效分析人力资源的供给及流动情况。

（2）编制统计表

统计表是用表格来显示各种变量的取值及其特征，是表现人力资源信息最常用的形式，是为统计工作提供统计数字资料的一种工具。它可以概括文字的叙述，科学合理地组织人力资源信息，使人力资源信息的排列条理化、系统化、标准化，一目了然，给人以明显、深刻的感觉，便于阅读和进行统计分析。

①统计表的结构

由总标题、横栏标题、纵栏标题和指标数值四个部分构成。

总标题是统计表的名称，概括说明统计表所反映信息的内容，一般位于表的上端中央；横栏标题是横行的名称，表明信息反映的总体及其分组的名称，一般位于表的左侧；纵栏标题是纵栏的名称，说明信息指标的名称，一般位于表的上方；指标数值列在横栏标题与纵栏标题的交叉处，具体反映其数字状况。有些统计表还增列补充资料、注解、资料来源、填表时间、填表单位等内容。

②统计表的分类

A. 按用途分类

分为调查表、汇总表和分析表。调查表是用于登记、搜集原始统计资料的表格，只记录调查对象的特征，不能综合反映统计总体的数量特征。汇总表是用于表现统计汇总和整理结果的表格。由两部分组成，一部分是统计分组，另一部分是用来说明统计分组各组综合特征的统计指标。汇总表能够综合说明统计总体的数量特征，是提供统计资料的基本形式。分析表是用于对整理所得的信息统计资料进行定量分析的表格，能够更深入地揭示信息所反映内容的本质和规律性。

B. 按分组情况分类

统计表按照内容的组成情况，分为简单表、分组表和复合表。简单表指总体未做任何分组的统计表。分组表是指总体按一个标志进行分组后形成的统计表。利用分组表，可以分析不同类型的不同特征，研究总体的内部构成和分析现象之间的依存关系等。复合表是指统计总体按两个或两个以上标志进行层叠分组后形成的统计表。利用复合分组表可以反映研究总体同时受几种因素影响而产生的变化情况。

③统计表设计的一般原则与要求

统计表的设计应遵循科学、实用、简明、美观的原则，力求做到五个方面：第一，标题要简明扼要地概括信息的内容及信息所属的空间和时间范围。第二，纵、横栏的排列内容要对应，尽量反映逻辑关系。第三，根据统计表的内容，全面考虑表的布局，使表的大小适度、比例适当、醒目美观。第四，统计表中的指标数值，都有计量单位，必须标写清楚。计量单位都相同时，将其写在表的右上角；横行的计量单位相同时，在横行标题后列计量单位；纵栏的计量单位相同时，将其标在纵栏标题下方或右方。第五，统计表中的线条要清晰，尽量表明各指标的简单包含关系。

（3）编制统计图

统计图是用点、线、面、体等构成的几何图形或其他图形表现信息，表示变量的分布情况，是信息分析研究的重要方法。利用统计图来表现信息，形象具体、简明生动、通俗易懂，能将信息所反映的复杂的内容，用简明扼要的形式表现出来。

①统计图的种类

常用的统计图形有圆瓣图、直方图、条形图、折线图、机构图等。

②编制统计图应遵循一定程序与基本要求

A. 确定编制目的

编制人力资源信息统计图，要根据实际需要，确定编制目的，以便进行信息的筛选、分析和综合，明确信息的表达方式和统计图形式。

B. 选择图示信息

信息的选择，应在反映所研究内容的一切指标中，选择符合制图目的、有价值、反映内容本质的重要信息，避免图示信息过多，内容繁杂，表达模糊。

C. 设计统计图

图形的设计要力求科学、完整、真实、清晰地体现信息的各种特征。图形的外观要尽量美观、鲜明、生动，具有一定的观赏性。标题要简单明确，数字及文字说明应准确无误。不同类型统计图的特点和运用的条件不同，应根据制图目的、信息内容和特点，确定编制的统计图形式，科学、准确地表达信息，使图形的布局、形态、线条、字体、色彩体现艺术性。统计图的形式应与利用需求相适应。用于领导、业务工作参考和分析研究时，可采用条形图、折线图和其他几何图形，呈现内容可详尽些；用于展览、宣传教育，尽量采用条形图、直方图或其他鲜明生动的图形，图形的标题、文字说明、数字和单位的标示简明扼要、色彩鲜明、通俗易懂。

D. 审核检查

统计图编制完成以后，要进行认真的审核检查和修改，确保编制的图形客观地揭示信息，符合制图目的，图形结构简明准确、生动鲜明，图式线形、数字标示、文字说明等适用，注解具体，图面清晰整洁。

（4）编写统计分析材料

统计分析是对获得的人力资源信息进行量化分析，客观、准确、科学地揭示人力资源管理工作中的特点和规律，深入地反映人才资源状况，以此调整工作方式，提高人力资源管理水平。编写统计分析材料，能够精确描述和认识信息的本质特征，揭示信息的内在联系，使人们对信息的利用从感性认识上升到理性认识，为管理提供深加工、高层次、有价值的信息。

统计分析材料是充分表现统计过程、方法和结果的书面报告，为建立宏观人才资源信息库，为建立和完善人才市场体系、促进人才合理流动、实现人才工作协调发展、为人才规划的落实提供信息服务。编写统计分析材料有提炼主题、选择材料、拟定提纲、形成报告四个主要环节，编写要求是：针对性，明确编写目的、解决的问题和服务对象；真实性，尊重客观实际，以充分可靠的信息为基础，真实地反映客观实际，事实具体，数据准确；新颖性，在对原始信息深入挖掘、把握本质的基础上，提取新的信息，形成新的观点、结论；时效性，着眼于现实问题，讲求时间效果，在信息的最佳有效期提供利用。

4. 人力资源信息开发的方法

人力资源信息开发是在掌握大量信息的基础上，根据决策、管理、业务活动的需要，利用科学的研究方法，对现有信息进行系统的归纳分析，对各项活动的发展趋势做出判断和预测，提供全面性、高层次的信息，为工作活动服务。

（1）汇集法

围绕某一特定的主题，把一定范围内的人力资源原始信息，按照一定的标准有机地汇集在一起。汇集法适合于反映一个地区或一个部门某方面的状况，当人力资源信息资料较多，反映面宽的时候比较适用。

（2）归纳法

将反映某一主题的人力资源原始信息集中在一起，加以系统综合归纳和分析，以便完整、清晰地说明某一方面的工作动态。归纳法要求分类合理、线条清楚、综合准确。

（3）纵深法

根据需要，把若干个具有内在联系，有一定共同点的人力资源信息，或几个不同时期的有关人力资源信息，从纵的方面进行比较分析，形成新的信息材料。可以按原始信息材料提供的某一主题层层深入，按某一活动的时间顺序或按某一事件的历史进程深入进去，要清楚问题的来源。

（4）连横法

按照某一主题的需要，把若干个不同来源的人力资源原始信息材料从横的方面连接起来，做出比较分析，形成新的信息材料。采用连横法要选择最能说明主题的信息，从不同来源信息中选择具有一定同质性的信息。

（5）浓缩法

通过压缩人力资源信息材料的文字篇幅，凝练主题，简洁文字。使用浓缩法要主题集中，内容突出，一篇信息材料只表达一个中心思想，阐明一个观点；压缩结构，减少段落层次；凝练语言，简明地表达含义。

（6）转换法

人力资源原始信息中若有数据出现，应把不易理解的数字转换为容易理解的数字。

（7）图表法

如果人力资源原始信息中的数据有一定的规律性，可以将数据制成图表，使人一目了然，便于传递与利用。

（8）分析法

分析法是在充分占有信息的基础上，通过综合分析，进行人力资源的现状规划和需求预测，包括现状分析、经验分析、预测分析。

进行短期人力资源预测规划，要依据有关信息进行现状分析，预算出规划期内有哪些人员或岗位上的人将晋升、降职、退休或调出本单位的情况，根据预测规划期内的人力资源的需要，做好调动人员替补准备工作，包括单位内管理人员的连续性替补。

进行中、短期人力资源预测规划，可采用经验分析法、分合性预测法。经验分析是根据以往的信息进行经验判断，根据以往员工数量变动状况，对人力资源进行预测规划，预测组织在将来某段时间内对人力资源的需求。分合性预测是在下属各个部门、机构根据各自的业务活动、工作量的变化情况，预测的将来对各种人员需求的基础上，进行综合平衡，预测整个组织将来某一时间内对各种人员的总需求。

进行长期的、有关技术人员或管理人员的供求预测，采用预测分析法。针对某些重大的变革和发展趋势而带来的人力资源供求的变化，向有关专家征求意见，并在此基础上形成预测结果。

（二）人力资源管理信息化的人才队伍建设研究

1. 人力资源管理信息化人才队伍的素质要求

实现人力资源管理信息化，需要一批适应形势发展、德才兼备、有创新思维和创造能力的人才推进信息化工作的发展。必须充分发挥人的主观能动性，建设一支思想作风过硬、业务素质高、知识结构合理的信息化管理人才队伍。素质是一个外延广泛而内涵丰富的概念，是人的品质、知识、能力的总和。信息化人才素质是信息化的前提和保障，主要包括信息素质、业务素质、知识素质。

（1）信息素质要求

信息素质也称信息能力，是使用计算机和信息技术高效获取、正确评价和善于利用信息的能力。信息科技特别是网络科技的迅猛发展，使人类的沟通与信息交换方式变为以人际互动为主的模式，终身学习、能力导向学习和开放学习成为新的理念。为满足知识创新和终身学习的需要，提高信息素质将成为培养人才能力的重要内容。

①信息素质的意义体现

信息素质是信息化建设的要求。只有提高信息素质才能保证人力资源发展战略和信息化战略的实现。提高信息素质的意义主要体现在以下几个方面：

第一，人力资源发展需要信息素质。在信息瞬息万变的今天，市场的竞争就是人才的竞争，必须广、快、精、准地掌握与人力资源相关的政策、技术、市场、管理等全方位信息，进行科学决策，开发人才，才能从本质上全面提高组织的社会效益和经济效益。

第二，能够改善员工的知识结构。信息科学是一门新兴的交叉科学，涉及计算机科学、通信科学、心理学、逻辑学等诸多相关学科。随着科学技术的飞速发展，信息科学与其他学科知识一样，不断推陈出新。及时补充各学科的历史、现状和未来的信息知识，才能充分激发员工已有的业务潜能，改善员工单一的知识结构，重塑员工崭新的能力构架，使员工充分运用现代的信息工具，积极主动跟上时代发展的步伐，成为信息化建设的贡献者和受益者。

第三，使信息价值得到更大程度的体现与发挥。信息是科学决策的基础，在人力资源管理中发挥着巨大作用。普及信息知识，提高信息处理能力，能使人们在人力资源管理信息化过程中，充分挖掘信息环境中的各种有利因素，排除不利因素，了解过去、把握现在、预测未来，让信息化建设更加有的放矢。

第四，进一步提高组织的信息管理水平。人们既是信息的需求者，又是信息的提供者，互利互惠，互相依存，总体上的信息需求结构达到动态的基本平衡，在组织内部形成一个有效的信息增值网络。此外，普及信息知识还能激发人们潜在的信息需求，促使组织根据需求进一步完善人力资源管理系统的功能，对人力资源管理信息化提出更高的要求，最大限度地发挥人力资源信息的社会经济价值，促进人力资源管理信息化向高水平发展。

②信息素质的主要内容

信息化人才要做好本职工作，出色完成任务，必须具有较高的信息素质。信息素质的内容主要包括以下几个方面：

A. 强烈的信息意识

当今社会已经进入信息时代，信息无处不在，谁重视信息，谁就能赢得主动。人力资源管理者要有敏锐的信息意识，广泛收集人力资源信息，精心加工、准确提供、快速传递、充分利用，以适应人力资源管理信息化发展的客观要求。强烈的信息意识主要表现为三个方面：一是对信息的敏感性。指对人力资源信息价值的充分认识，对信息内容特有的敏感。对信息现象反应快的人，思维敏捷，机智聪颖，应变能力强，适应环境能力强，善于将信息现象与实际工作迅速联系起来，善于从信息中找到解决问题的关键。二是对信息的观察力。具有强烈信息意识的人，对信息的关注成为一种习惯性倾向而不受时间和空间的限制。无论在工作范围内，还是在日常生活中，都善于收集信息，并把这些信息与要解决的问题联系在一起。三是对信息价值的判断力。一个具有强烈信息意识的人，除对信息有敏感性之外，更重要的是对信息价值的发现以及分析加工的能力。要分析信息的价值，对有价值的信息充分利用。信息意识是在人力资源管理活动中产生和发展的，是在长期工作和学习中不断形成的。当对信息的开发利用变成一种自觉行动时，就会逐渐树立起信息意识。

B. 信息管理能力

信息技术能力、认识能力、信息沟通和人际关系的才能、领导艺术和信息管理技能以及战略信息分析和规划决策的能力，即运用信息管理科学的基本原理和方法，提高在实际工作中认识问题、分析问题和解决问题的本领和技巧。

C. 管理信息服务能力

围绕特定的管理业务进行的信息搜集服务、检索服务、研究与开发服务、数据资料提供和咨询服务的能力。信息服务工作的开展必须依据管理科学和心理行为科学的理论，根据服务对象的不同，进行用户研究和用户管理工作。

D. 信息处理能力

获取和处理信息的能力，应该具备信息获取能力、信息加工能力、信息激活能力、信息活动策划能力、决策能力、指挥能力，这是人们认识问题、解决问题的本领。

（2）业务素质要求

①娴熟的专业能力

系统掌握有关人力资源管理的理论知识，熟悉人力资源部门各个业务环节的基本技能，了解整个业务工作的流程及各项业务的有机联系，掌握人力资源工作的基本技能和基本方法，具备人力资源信息获取、加工、开发和交流的能力，精通本职工作。随着知识、新技术的不断更新，及时学习、补充新的人力资源管理业务知识和技能，适应新时期人力资源管理发展的需要。

②驾驭现代科技设备能力

随着现代科技日新月异的发展和办公自动化的普及，特别是电子计算机及现代通信技术在人力资源管理中的应用，人力资源管理的方法发生了深刻的变化，正在从传统的手工管理模式向现代化管理模式转变。只有学会新的思维方式，掌握现代科学知识，能够驾驭现代科技设备，熟悉计算机技术、信息开发技术、网络技术，并能运用科学的方法和技术，才能更好地进行人力资源管理，大力开发人力资源信息，加快人力资源管理信息化进程。

要具有掌握现代化办公设备的能力，能熟练使用电子计算机、打字机、传真机、复印机设备，掌握计算机操作技术、复印技术、打字技术、录音录像技术、光盘刻录技术等现代化手段。现代科学技术的突飞猛进，促进了人力资源工作设备与技术的现代化发展。电子计算机系统、缩微复制系统、声像技术系统、电视监护系统、自动报警系统、自动灭火系统在人力资源工作及人力资源信息管理中将日益广泛应用。这就要求掌握运用电子计算机储存和检索信息的技术，掌握缩微胶卷、胶片、影片、照片、录音带、录像带、磁带、磁盘、光盘等各种新型载体人力资源信息的保管条件、保管技术和利用手段，能够熟练地应用新技术进行人力资源信息的存储、自动标引、图形处理和自动利用，实现对人力资源信息的科学管理和开发利用。

要不断提高驾驭现代化科技设备的能力，提高设备的利用率，充分发挥其功能，变单机操作为联机操作，运用网络系统，实现人力资源信息共享，提升信息化水平。

③熟练的工作能力

熟悉社会信息化的发展动向和本单位人力资源管理现代化状况，把握社会对人力资源信息需求的变化特点，脚踏实地进行人力资源管理信息化建设，进行人力资源信息的开发和提供利用，提高人力资源工作的效率、质量和水平。有较强的处理问题、解决问题的能力，能根据利用者提供的关于时间、内容、作用等不同的信息线索，快速、准确地提供人力资源信息利用。能够利用互联网、多媒体技术拓展工作空间，提高工作效率，实现各部门的交互作用，使人力资源信息优质高效、无时空限制地进行资源共享，更好地为信息化发展服务。

④开拓创新能力

破除传统思想观念，建立现代化的创造性的思维方式，开创人力资源管理信息化工作新局面，发展人力资源管理事业。创造性的思维是多种思维方式的综合表现，主要体现为强烈的创新意识、奋发进取的创新精神、从容应对新情况和新问题的创新能力。观念的更新是提高人力资源管理质量与效率的基础。人力资源管理工作要在信息时代取得新的理论、实践、技术成果，实现信息化发展，就要求人们有创新思维。

（3）知识素质要求

在经济全球化、社会信息化的背景下，人们意识到信息化战略的重要性，纷纷开始寻求信息化人才。既通晓信息科技，又熟悉组织策略、业务流程且精通电脑网络的人才，将在信息化建设中发挥越来越重要的作用。

信息化人才要具备广博的知识，既有横向的丰富知识又要有纵向的学科专深知识。现代科学技术的发展，各类边缘学科、综合学科和交叉学科的兴起，要求信息化人才有科学的头脑，善于学习，具有广博深厚的知识基础，不断更新自己的知识结构。这样才能融会贯通，有所发现，有所创新，使自己能跟上时代发展的要求，适应人力资源管理工作不断变化的新需要。

一般来讲，信息化人才的知识结构包括以下几个方面：

第一，业务知识。精通人力资源管理的业务知识，是信息化人才必须具备的基本功。因此，必须学习人力资源管理理论，不断加强继续教育，更新知识，熟悉本专业的新理论、新知识、新技术，熟悉人力资源管理各项业务环节的专门知识，成为人力资源管理的通才。

第二，信息管理业务知识。信息管理业务知识指信息管理的基本原理和方法，以及与信息管理业务活动有关的计算机科学知识和信息技术知识。信息管理学是一门边缘学科，是计算机科学、管理科学、信息科学交叉形成的，涉及社会科学和自然科学的许多领域。要深入学习，综合运用相关知识。

第三，现代科学技术知识。科技的发展使人力资源管理日益科学化、规范化、智能化，应该学会熟练使用计算机进行人力资源管理，学习一些科学基础知识，如高等数学、物理学、化学、电子学、微电子技术、办公自动化、仪器设备维护及标准化知识等，特别是要掌握涉及电子人力资源工作方面的应用知识。

第四，现代信息技术知识。信息社会的发展不仅对人力资源管理提出了新的要求，而且使人力资源信息的来源、载体、管理方式、加工方式、传播方式发生了变化，只有具备信息技术方面的知识，才能有效地处理人力资源信息，加强人力资源管理。

第五，管理科学知识。人力资源管理信息化建设是一个系统工程，其实施必须建立在科学管理的基础上。因此，要掌握行政管理、经济管理知识，了解信息论、系统论、控制论知识，提高决策和管理水平。

第六，外语知识。随着网络化的进一步发展扩大，我国用户通过互联网与国际连接，大量的国外信息资源以外文的记录形式出现在网上。如果不掌握外语这个工具，就不能获得国际化人才信息和国外人力资源管理发展的信息。具备一定的外语水平，才能在信息海洋中迅速而有效地获取有价值的信息资源。特别是在信息和网络时代，全球的信息交流日益频繁和便利，学习外国先进经验与管理技术，与国际现代化人力资源工作接轨，参与国际学术交流，进行人力资源信息对外交流和服务，都需要熟练掌握一门或多门外语，达到能看、会听、日常对话及一般笔译的水平，以适应人力资源信息国际交流的需要。

人力资源管理信息化必须树立以人为核心的管理思想。如果信息化人才准备不足，势必会极大地影响人力资源管理的发展。因此，当前的首要任务就是要培养合格的信息化人才。

2. 人力资源管理信息化人才队伍的培养对策

信息时代的核心是科技，关键是人才。要培养造就一批人才，形成一支推进人力资源管理信息化的基本队伍。

（1）注重人才队伍建设与加速人才培养

①注重人才队伍建设

信息时代迫切要求从领导到员工转变传统的管理理念，领导更要重视电子环境下的人力资源工作，在资金、人员和政策上加大支持力度，以新的方式、新的观念全方位发掘、培养、选拔人才，建立人才库和激励机制。要不拘一格选人才，着重解决人力资源管理信息化人才队伍建设中存在的突出问题，把工作重点放在高层次和紧缺人才上，注重人才队伍建设的整体推进和协调发展。

②利用各种途径加速人才培养

人力资源管理信息化建设急需大量的信息技术人才。要加强继续教育，通过委托代培、在职业务学习、专题讲座和学术报告以及业务函授、自修班和专业研究班学习等形式培养人才。要充分利用学校教育，从人力资源管理、信息管理专业的博士、硕士、本科、专科毕业生中选拔人才，为信息化人才队伍输送新鲜血液，不断充实信息化人才队伍。要强化社会教育，通过多种途径和手段，采取有效措施和政策，形成多层次、多渠道、多形式的人才培养体系，培养适应信息化发展的多门类、多层次的信息化人才，使之具有计算机知识和网络知识，熟悉数字化、网络化的环境，成为既精通信息技术又精通业务的复合型人才，在信息化进程中充分发挥作用。还可以制定引进人才的相关政策，创造良好的人才环境，吸引海内外优秀信息技术人才。

（2）加强信息技术技能训练的培养

在信息化条件下，人力资源管理工作的技术性必然要求人们具备操作计算机等现代办公设备的能力，熟练地运用开发的系统；在信息检索方面能熟练运用计算机技术，实现自动化、在线化；能运用通信技术，熟悉信息系统软件和网络工具；能运用多媒体技术，提供图、文、音、像一体化的多媒体信息服务。因此，要进行专业人员的知识培训和技能的训练，使之具备现代化的管理知识，了解电子环境下人力资源管理的全过程和发展趋势，掌握应有的信息技术，确保人力资源管理系统更科学、更合理、更高效地发挥作用。

（3）普及信息知识

一流的人才能造就一流的组织。实现人力资源管理信息化，需要人们具有信息观念和信息知识。通过多种方法和手段普及信息知识对提高人们的信息素质至关重要，必将对信息化产生良好的效果和积极的影响。

①普及信息知识的具体方法

一是专题讲座。举办专题讲座是提高信息素质的有效途径。主讲者可以是国内著名的信息学专家，也可以是对信息有独到见解和丰富经验的集团和公司领导，还可以是长期从事信息业务的工作人员。主讲内容以信息领域中某一个方面知识的深入剖析为主，采取理论与实践相结合的方式，使人们既有感性认识又有理性认识。二是专题研讨。组织相关人员和领导就当前的信息化形势和单位人力资源信息系统现状进行研究和讨论，将有助于掌握更多的信息知识和技能，利于对已有信息资源深层次开发和利用。三是发行手册。用通俗易懂的文字或以图文并茂的形式将信息系统的软硬件操作手册或使用指南编辑成册，既有较广的发行面，又具有一定的累积性，方便自学和备查。四是参观考察。组织相关人员和领导到信息行业的先进单位参观学习，获取信息，对比找差距，使信息系统更为合理而有效。

②普及信息知识的主要原则

第一，简明性原则。信息技术是信息化管理的工具和手段，因此普及信息知识，必须以简明、概括为原则，深入浅出，循序渐进，起到事半功倍的效果。第二，实用性原则。普及信息知识要注重实用性。以使用率高、能直接在工作中运用且具有明显收效的信息内容为主，尽量介绍与目前已建成的可操作的信息软硬件紧密相连的有关信息知识，如因特网的检索与电子邮件的使用等，这样才能增加学习的兴趣，达到学以致用的目的。第三，新颖性原则。进行普及信息知识的活动中，无论是内容还是形式都要与国内外信息化发展趋势、内外部信息环境、信息技术的最新动态保持同步，具有强烈的时代感和鲜明的新颖性，提高学习的效率和水平。第四，层次性。普及信息知识要因人而异，根据人们的知识水平、专业结构、职务职位、业务能力因材施教，做到授其所需补其所短。

（4）强化信息化人才培训

信息化人才的培训，关系到全面、及时地提高人们的素养和知识结构、掌握基本技能与新的技术手段，增强适应不断变化的工作环境，接受新思想、新事物的能力。可以按照信息化人才素质的要求，建立培训机制，有计划、有组织、有目的、多渠道、多形式地开展队伍培训。

①信息化人才培训的主要方法

A. 理论培训

理论培训是提高信息化人才队伍理论水平的一种主要方法。可以采用短训班、专题讨论的形式，学习人力资源管理、信息管理的基本原理以及一些新的研究成果，或就一些问题在理论上加以探讨。可以通过研讨会、辅导、参观考察、案例研究、深造培训，提高对理论问题的认识深度。总之，各级各类组织在具体的培训工作中，要根据单位的特点来选择合适的方法，使培训工作真正取得预期的成效。

B. 岗位培训

岗位培训是根据岗位职责的需要，以受训对象的知识和实际工作能力与所在岗位现实和未来需要为依据，着重于岗位所需能力的培养和提高。岗位培训为人们不断补充和更新知识与技能，使其知识、技能与人力资源工作的发展保持同步；可以规范业务行为，提高管理的效率，减少工作失误；可以开发人力资源，发现人才，培养人才。

岗位培训的形式主要有：一是鼓励人员参加专业或相关专业的函授教育、自学考试教育、电视教育、网络教育等高等学历教育，系统学习科学文化知识；二是聘请专家、学者讲学，及时接受最新的思维观念、科学技术、管理理论和管理方法；三是在单位内开办培训班，对即将从事工作的人员进行岗前培训，学习组织的人力资源管理规章制度、操作方法；四是鼓励人员利用业余时间自学人力资源管理知识和相关科学文化知识。

②信息化人才培训的注意问题

首先，信息化队伍建设要与信息化目标相结合。要清楚地认识到，培训的目的是提高人们的素养和能力，以更好地适应现职务或新职务的要求，保证信息化目标的实现。

其次，充分调动积极性。针对参加培训人员的各自情况决定具体的培训内容，才能产生好的培训效果。应该精心策划培训内容，让每一个参加培训人员真切地感受到培训是一次难得的机会，能够学到有价值的内容，从而积极主动参加学习。

最后，理论与实践相结合。在培训时，必须注重学以致用，把理论培训与实践锻炼有机结合。只有这样才能有效达到培训目的，培养出既有一定理论水平，又有一定的实践经验，素质和能力都较高的合格信息化人才，形成一支推进人力资源管理信息化的基本队伍。

（5）积极建设梯队的信息化人才队伍

人力资源管理信息化人才队伍建设，应重点突出，目标明确，形成梯队。

①信息化人才骨干队伍建设

重点抓好高层次骨干人才的培养，特别要注意发现和培养一批站在世界科技前沿、勇于创新和创业的带头人，具有宏观战略思维、能够组织重大科技攻关项目的科技管理专家及人力资源技术专家。探索新形势下加速信息化人才骨干队伍建设的新思路，把培养信息化人才骨干当成一项至关重要的任务来抓。

②青年信息化人才的培养

拓宽视野，不拘一格，注重发现具有潜质的青年人才，为他们提供施展才华的舞台。要重视培养年轻人的创新精神和实践能力，鼓励他们在信息化过程中和工作实践中努力拼搏。大力倡导团结协作、集体攻关的团队精神，努力培养青年人才群体。注意正确处理好现有人才与引进人才的关系，创造各类优秀青年人才平等竞争、脱颖而出、健康成长的机制，不断探索培养优秀青年信息化人才的途径。

③信息化管理人才的培养

信息化规划的实施与落实，需要引进、开发、投资建设一大批信息资源及网络基础设施。为保障信息化的快速、稳定、健康发展，需要一批具有较高专业素质的管理人才从事资源及设施的建设、运行、管理及维护工作。信息化管理人才的培养，要考虑队伍的稳定性，培养对象的选择，要注重是否具备较高的政治素质，是否热爱人力资源管理事业，同时在政策上要有良好的激励机制和制约措施。

④信息化技术应用型人才的培养

信息化建设的最终目标是要培养具有综合职业能力和全面素质、具有信息化意识，并掌握现代信息技术、计算机技术、通信技术、网络技术的适应现代化建设需要的应用型人才和高素质劳动者。这是检验信息化建设能否服务于人力资源事业体系的建立、服务于人力资源管理现代化、服务于经济和社会发展的标准。

应该充分创造条件，采用多种途径对信息化人才进行培训，尽快普及现代信息技术、计算机技术、通信技术、网络技术的教育，组织人力资源工作者参加社会认可的计算机应用资格证书考试，让更多的人参与到信息化建设工作中来。

（6）重视加强信息化人才队伍建设的组织领导

人是社会信息活动的核心，人才问题是信息化的根本保证。从现在起就要有目的、有计划地培育和吸纳优秀人才，为信息化建设准备坚实的人才基础。为了培养综合素质的人才，逐步形成知识结构合理、层次配置齐全的信息化人才队伍，加快信息化建设的步伐，完成时代赋予人们的历史使命，必须加强信息化人才队伍建设的组织领导。

第一，重视人才队伍建设工作的领导。各级人力资源部门和领导干部要真正树立科技是第一生产力和人才是"第一资源"的意识，把信息化人才队伍建设工作摆上重要议事日程，引导人们特别是青年人树立正确的世界观、人生观、价值观，求实创新、拼搏奉献、爱岗敬业、团结协作，努力成为信息化建设的有用人才。

第二，健全人才建设的工作机制。建立和完善信息化人才交流制度，加强各地区、部门之间的联系、沟通，协调有关重要政策的研究、执行和工作部署、落实。

第三，加强人力资源管理部门自身建设。充实人力资源管理部门力量，配备高素质人员，并保持相对稳定。提供必要的工作条件，保证工作经费，加强对人员的境内外培训，提高综合素质、服务意识和信息安全意识。重视对人才理论、人才成长规律和管理规律的研究，学习借鉴国外人力资源开发的经验。

第四，加强督促检查，狠抓落实。抓紧建立一支掌握先进科学技术和管理知识、政治素质好、创新能力强的信息化人才队伍，是事关事业当前和长远发展的根本大计。人力资源部门要结合实际，在抓落实上下功夫。定期对信息化人才队伍建设进行调查研究、督促检查。要进一步提高对人才问题的认识，把人才工作摆到更为重要、更为突出的位置上来，加快创造有利于留住人才和人尽其才的社会环境，切实加大工作力度，努力营造充分发挥人才作用的良好氛围，从而保证信息化目标的实现。

二、人力资源管理信息化系统的功能解析

人力资源管理信息系统是由相互联系的各个子系统组成的，子系统之间相互关系的总和构成了人力资源管理信息系统的整体结构。不同的管理层次和工作任务对应不同的系统，要求系统发挥不同的功能。

（一）信息处理与服务功能

1. 信息处理功能

人力资源管理信息系统设置标准化计量工具、程序和方法，对各种形式的信息进行收集、加工整理、转换、存储和传递，对基础数据进行严格的管理，对原有信息进行检索和更新，从而确保信息流通顺畅，及时、准确、全面地提供各种信息服务。

（1）数据处理

数据处理涉及设备、方法、过程以及人的因素的组合，完成对数据进行收集、存储、传输或变换等过程。将原始数据资料收集起来，输入计算机，进行文字处理，在机器屏幕上直观、方便地对文字进行录入、编辑、排版、增删和修改，方便地存档、复制、打印和传输，由计算机完成计算、整理加工、分类、排序和分析等信息处理工作，进行数据的识别、复制、比较、分类、压缩、变形及计算活动。数据处理实现信息记录及业务报告的自动化，通过对大批数据的处理可以获得对管理决策有用的信息。

（2）电子表格

人力资源管理信息系统拥有丰富的人力资源数据，具有灵活的报表生成功能和分析功能。能够用软件在计算机上完成制表、录入数据、运算、汇总、打印报表等项工作，十分快捷地得到准确、美观的表格。系统直接利用来源于各基本操作模块的基本数据，既以信息库的人力资源数据作为参考的依据，又根据人力资源管理者提供的信息进行综合分析，提供从不同角度反映人力资源状况的信息报表和分析报表。如生成按岗位的平均历史薪资表，员工配备情况的分析表，个人绩效与学历、技能、工作经验、接受培训等关系的统合性分析报表，供日常管理使用和决策参考。报表提供的不是简单的数据，而是依赖于常规的人力资源管理

与分析方法，从基本的数据入手，形成深层次的综合数据，反映管理活动的本质，指导管理活动。

（3）电子文档管理

运用电子文件处理软件，实现文件的审定、传阅、批示、签发以及接收、办理、反馈、催办、统计、查询、归档等环节的计算机处理。用计算机管理文件材料，完成文件的编目、检索，进行文件信息统计分析，实现利用者的身份确认、签名、验证，办理借阅手续，方便利用者的查找，达到安全管理信息的目的。

（4）图形与图像处理

图形处理是利用计算机完成条形图、直方图、圆瓣图和折线图等各种图形的制作，对图形进行剪辑、放大、缩小、平移、翻转等处理，满足不同需求的使用。图像处理是利用计算机将图像转变为数字形式，再用数字形式输出并恢复为图像。主要包括图像数字化、图像增强与复原、图像数字编码、图像分割和图像识别等。

2. 信息服务功能

人力资源管理信息系统的特点，是面向管理工作，收集、存储和分析信息，提供管理需要的各种有用信息，为管理活动服务。

（1）整合优化管理

由于现代管理工作的复杂性，人力资源管理信息系统以电子计算机为基础，按照所面向的管理工作的级别，对高层管理、中层管理和操作级管理三个层面展开服务。按其组织和存取数据的方式，可以分为使用文件和使用数据库的服务；按其处理作业方式，可以分为分批处理和实时处理的服务；按其各个部分之间的联系方式，可以分集中式和分布式服务。一个完整的管理信息系统，能够针对更多层次的结构，以最有效的方式向各个管理层提供服务，使各层次间结合、协同行动。一方面进行纵向的上下信息传递，把不同环节的行为协调起来；另一方面进行横向的信息传递，把各部门、各岗位的行为协调起来。

人力资源管理信息系统，通过各种系统分析和系统设计的方法与工具，根据客观系统中信息处理的全面实际状况，合理地改善信息处理的组织方式与技术手段，以达到提高信息处理的效率、提高管理水平的目的。人力资源管理信息系统是为各项管理活动服务的一个信息中心，具有结构化的信息组织和信息流动，可以按职能统一集中电子数据处理作业，利用数据库构成较强的询问和报告生成能力，有效地改善各种组织管理，提高电子计算机在管理活动中的应用水平。只有这样，管理活动才能成为一个有机的整体，呈现整体化和最优化的局面。

（2）组织结构管理

系统根据相关信息，形成组织结构图，提供组织结构设计的模式。通过职能分析，确定职务、职能、职责、任职要求、岗位编制、基本权限等，形成职务职能体系表，并根据不同职位的职责标准，进行职责诊断。系统根据需要对组织结构及职位关系进行改动、变更，对职位职责、职位说明、资格要求、培训要求、能力要求及证书要求进行管理，配置部门岗位和人员，生成机构编制表，进行岗位评价，实现内部冗余人员和空缺岗位的匹配查询。

（3）人事管理

系统具有对人员档案中的信息进行记录、计算查询和统计的功能，方便人事管理。系统对每个员工的基本信息、职位变更情况、职称状况、完成的培训项目进行维护和管理。记录人事变动情况，管理职员的考勤，形成大量的声音、图像、VCD文件及其他各种形式的信息，并保存在信息库中。系统拥有人员履职前资料、履职登记及培训、薪资、奖惩、职务变动、考评、工作记录、健康档案等丰富的信息。可以按照部门人数、学历、专业、院校、籍贯、户口、年龄、性别等进行分类统计，形成详尽的人力资源状况表。系统通过众多的检索途径，直接提供满足各种需求的信息利用，在员工试用期满、合同期满时，自动通知人力资源部门处理相关业务。

（4）招聘管理

系统能够为招聘提供支持，优化招聘过程，进行招聘过程的管理，减少业务工作量；对招聘的成本进行科学管理，降低招聘成本；为选择聘用人员的岗位提供辅助信息，有效地帮助进行人力资源的挖掘。

（5）薪资管理

系统可以根据基本数据，在职务职能设计的基础上，进行岗位分析，确定薪酬体系，自动计算单位及各部门的薪酬总额、各种人事费用比例、各级别的薪酬状况，及时形成薪酬报表、薪酬通知单等单，根据目前的现状对薪酬体系进行自我调整，形成详尽的薪酬体系表和薪级对照表，便于对薪资变动的处理。

（6）绩效考核管理

系统的绩效考核功能，包括考核项目定义、考核方案设置、考核等级定义、考核员工分组定义、考核记录、考核结果。系统根据职务职能设计将人员分成决策层、管理层、基本操作层、辅助运作层等职级，分别设计考评的标准，对月份、季度、年度考核进行统计分析，并与薪酬、奖惩体系等进行数据连接，生成数据提供利用。

（7）培训管理

系统制订培训计划，对培训进行人、财、物的全面统筹规划。在资金投入、时间安排、课程设置等方面实施控制。系统对课程分类、培训计划等提供了基本的模式，根据职位中的培训要求及员工对应的职位，能自动生成培训安排。员工改变职位后，其培训需求自动更改，可直接增加培训计划，也可由培训需求生成培训计划。系统能够获取培训过程中的各种信息材料，有各种培训资料收集途径信息，有大量培训组织机构的信息，逐步形成了专业的培训信息库，使个人的培训档案能够直接与生涯规划紧密联系在一起。系统可以从教师、教材、时间安排、场地、培训方式、培训情景等方面进行综合评估，检查培训的效果。

（二）信息事务处理、计划与控制功能

1. 信息事务处理功能

人力资源管理信息系统能优化分配人力、物力、财力等在内的各种资源，记录和处理日常事务，将人们从单调、繁杂的事务性工作中解脱出来，高效地完成日常事务处理业务，既节省人力资源，又提高管理效率。

系统在审查和记录人力资源管理实践过程中，通过文字处理、电子邮件、可视会议等实用技术，以及计算和分析程序，进行档案管理、编制报告、经费预算等活动。集中实现文件材料管理、日程安排、通信等多种作用，辅助人力资源管理者进行事务处理，协调各方面的工作。人力资源管理信息系统的处理事务功能具有以下两个特性。

第一，沟通内部与外部环境之间的联系。在内、外部之间架起一座桥梁，确保信息交流渠道的畅通，及时、准确地获取有用信息，并向外界进行有效的信息输出。

第二，系统既是信息的使用者，又是信息提供者。系统与外界环境联系密切，在运行过程中产生并提供信息利用，管理者通过它获取有关组织运转的现行数据和历史数据，从而很好地了解组织的内部运转状况及其与外部环境的关系，为管理决策提供依据。

2. 信息计划与控制功能

人力资源管理信息系统的计划功能表现在，系统能体现未来的人力资源的数量、质量和结构方面的信息，针对工作活动中的各种要求，提供适宜的信息并对工作进行合理的计划和安排，保证管理工作的效果。人力资源计划按重要程度和时间划分，有长远规划、中期计划和作业计划等；按内容划分有人员储备计划、招聘计划、工资计划、员工晋升计划等。系统可以对有关信息进行整合，形成完整的人力资源计划，为人力资源管理提供参考。

控制是人力资源管理的基本职能之一，而信息是控制的前提和基础。及时、准确、完整的信息可以保证对人力资源管理全过程进行有效的控制，做到指挥得当，快速应变。人力资源管理信息系统能对人力资源管理的各个业务环节的运行情况进行监测、检查，比较计划与执行情况的差异，及时发现问题，并通过分析出现偏差的原因，采用适当的方法加以纠正，从而保证系统预期目标的实现。

（三）信息预测功能

人力资源管理信息系统不仅能实测现有的人力资源管理状况，而且可以对人力资源管理活动进行科学分析和组织，利用过去的历史数据，通过运用适当的数学方法和合理的预测模型来预测未来的发展情况，对人力资源需求、劳动力市场、未来战略、职业生涯和晋升等做出科学预测。

系统通过对行业信息、人才市场信息等做出测评，针对不同的岗位，按照一定人力资源规划的方法进行综合计算，预测某一时期单位及各职能部门的需求人数，并对人员的学历、资历、专业、工作行业背景、毕业院校等基本素质进行规划，最终自动生成详细的易操作的人力资源规划表，确定新进、淘汰、调动、继续教育的基本目标。对人员、组织结构编制的多种方案，进行模拟比较和运行分析，并辅之以图形的直观评估，辅助管理者做出最终决策。

系统可以制定职务模型，包括职位要求、升迁途径和培训计划。根据担任该职位员工的资格和条件，系统提出针对员工的一系列培训建议，一旦机构或职位变动，系统会提出一系列的职位变动或升迁建议，对人员成本做出分析及预测。

（四）信息决策与执行支持功能

1. 信息决策支持功能

当今社会，信息变得越来越重要。真实、准确的人力资源信息是进行决策的坚实基础。所以，人力资源管理信息系统的决策支持功能非常重要。把数据处理的功能和各种模型等决策工具结合起来，依靠专用模型产生的专用数据库，针对某方面具体的决策需要，专门为各级、各层、各部门决策提供人力资源信息支持，可以达到决策优化。

决策支持功能的学科基础是管理科学、运筹学、控制论和行为科学。通过计算机技术、人工智能技术、仿真技术和信息技术等手段，利用数据库、模型库以及计算机网络，针对重要的决策问题，做好辅助决策支持。决策支持功能具备易变性、适应性、快速的响应和回答、允许用户自己启动和控制的特征。

决策支持的类型主要有：专用决策支持，针对专业性的决策问题，如招聘决策、人力资源成本决策，具有决策目标明确、所用模型与程序简单、可以直接在系统中获得决策结果的特点；集成的决策支持，能处理多方面的决策问题，模型、数据库和计算机网络处理的决策问题，具有更强的通用性；智能支持，由决策者把推测性结论与知识库相结合，用来解答某些智能性决策问题。

决策支持面对的是决策过程，它的核心部分是模型体系的建立，提供方便用户使用的接口。人力资源管理信息系统能充分利用已有的信息资源，包括现在和历史的数据信息等，运用各种管理模型，对信息进行加工处理，支持管理和决策工作，以便实现管理目标。它不但能在复杂的迅速变化的外部环境中，提供相关的决策信息，从大量信息中挖掘出具有决策价值的数据、参数和模型，协助决策者制定和分析决策，提高决策质量和可靠性，降低决策成本，而且可以利用各种半结构化或非结构化的决策模型进行决策优化，提高社会经济效益。

决策支持要求提供的数据范围广泛，但对信息的数量和精度方面要求比较低。它通过灵活运用各种数学和运筹学方法，构造各种模型来支持最终的决策。

决策支持主要帮助管理者解决问题，使管理者不受空间和时间的限制，共享系统提供的各种信息。当支持决策的数据变量发生改变时，分析出现变化可能带来的结果，帮助管理者调整决策。

2. 信息执行支持功能

主要服务对象是战略管理层的高级管理人员。它直接面对的是变化无常的外部环境。执行支持只是为决策提供一种抽象的计算机通信环境，而不同于决策支持为决策者提供某种特有的解决问题的能力。执行支持系统能以极低的成本和极快的速度向决策者提供有用的信息，从而保证管理者能进行及时的决策，避免耽误决策时机。为了方便高级管理人员操作，系统往往具有很友好的界面。

第七章　我国未来人力资源优化管理的目标与实施路径

第一节　我国未来人力资源优化管理的目标及定位

一、我国人力资源管理模式概述

（一）主要内容

就目前的实际情况来看，我国的人力资源管理模式还是以传统的人事管理为主。即便是进入人力资源管理模式的转型阶段，还是存在很大一部分需要改进的地方，关于如何改进我国人力资源管理模式仍是一个值得探讨的问题。

（二）我国企业人力资源管理模式分析

不管是在现在还是在以后，在企业、政府、社会组织中人力资源的管理是必然存在的。目前我国企业人力资源管理模式主要分为以下两种。

1. 感性型家长制管理模式

①员工与企业之间的关系是固定的，上级颁布的任务员工必须无条件执行，没有商量与驳回的权利，这样的员工比较死板不懂变通。②领导与员工、员工与员工之间没有沟通。③领导者的权力过大，甚至可以说是独裁。④管理制度过于落后。⑤权责意识不清。

2. 以人为本的理性化管理模式

这样的管理模式是借鉴了先进的人力资源理论，主要是体现人性化的特点，注重员工的主体性与主动性，并将这种特性与企业发展联系起来，主要特点如下：

①企业决策要遵循公司的规章制度，领导者也不能随意根据自己的意愿做出决定。②在企业管理中充分发挥出主动性与积极性，实现企业员工的个人价值，共同致力于企业的未来发展。③员工要将企业视为自己的家，并以积极、健康、平和的心态看待企业的发展，企业员工之间的关系应该是和谐、友好的。④企业员工有着明确的工作目的与岗位职责，工作认真，不搞形式主义，依靠自己的努力获得报酬。⑤企业的人力资源管理制度应该是动态变化的。企业员工的素质与能力是有一定的差距的，要根据实际情况，做出实时的修改与调整，没有规定说企业的人力资源管理制度要一成不变。企业的发展阶段不同，对企业员工的能力与素质的要求不同。

（三）案例分析

海尔是我国成功企业的代表之一，本小节通过对海尔的人力资源的管理分析，借鉴相关经验，完善我国人力资源的开发与管理。从最初要濒临破产的企业到现在我国大型的家电企业，海尔集团的成功并非偶然。海尔的管理模式与管理方法作为一项成功的案例，已经写进了众多大学的案例中，成为全球共享的典范，这也是我国企业的骄傲。海尔实现了从最初的借鉴国外人力资源管理方法到形成自己的管理模式与经验。海尔创新的人力资源管理模式对我国企业有着重要的借鉴意义。

1. OEC 管理模式

海尔的 OEC 管理模式作为借鉴国外管理模式，在海尔经过借鉴与改良后，形成了具有海尔特色的管理模式，OEC 管理模式主要包括：①激励机制；②目标系统；③日清系统。

在这样的管理模式之下，产品的信息既清晰又具体。企业的员工要勇敢地承担起自己的责任，认真完成自己的工作，做到今日事，今日毕。根据现实的工作情况对当天的工作情况进行总结，为以后的工作提供良好的借鉴意义，企业具有专门的场所记录员工的工作量，使员工中的工作量变得清晰，让员工对自己的工作情况有清晰的了解。

2. "市场链" 负债机制

海尔的管理模式从来不是固定不变的，而是一直在创新变化的。实行"市场链"负债机制就是为了应对当时的经济发展模式，这样的机制就是将原来的外部竞争环境转移到企业内部，使企业员工都可以直接面对市场，锻炼了企业员工。

"市场链" 负债机制就是指企业内部模拟市场关系。企业中的不同部门不仅要对自己负责，更要对自己的上级负责。每一道工序不仅关系到自己的工作量，更关系到与自己相关的员工的工作，因此海尔内部形成一种市场机制，将外部企业竞争的压力转移到企业内部，企业员工就会感受到自己应该承担的责任，将企业的发展与自己的发展联系在一起，将压力转换为动力。

海尔的人力资源管理模式为我国人力资源开发与管理提供了新的发展路径。海尔作为土生土长的中国企业，它的人力资源开发与管理模式可以为我国其他企业的人力资源开发与管理模式提供借鉴意义。海尔企业通过转变企业与员工之间的关系，将企业的发展与员工的发展融为一体，真正实现海尔集团的高效运行。

海尔集团对"帕累托法则"的运用可谓是驾轻就熟，在企业的运行过程中，员工与企业的管理者肯定有出现错误的时候，但是海尔对错误的分成是领导负主要责任，员工只需要负担 20% 的责任，领导与员工的责任分成是与自身的权利成正比的，由此可以看到海尔在人力资源管理方面的人性化，因此造就了海尔的运作高效。

二、我国人力资源开发的目标

（一）人口目标

改革开放以来，我国的劳动者获得了大规模的解放与发展，经济的发展也离不开人力资源的解放。我国的经济发展需要依靠劳动者素质的提升。为了确保 2050 年基本实现现代化的宏伟目标，我国必须确立人力资源开发在国家建设中第一资源的战略地位，以加快建设人力资源强国为战略目标，有步骤、有计划、有的放矢地推动整体人力资源水平提升。

提高我国人力资源的市场竞争能力，逐渐缩短与发达国家之间的差距，实现人力资源强国的目标。当今世界各国的竞争，已经逐渐成为科技与人才的竞争，对国家人力资源的开发也已经关系到国家发展。通过对人力资源的开发与利用，挖掘人力资源的潜在优势，实现人力资源强国的发展目标。

（二）综合目标

我国的人口数量多，但是整体素质并不高，人口大国隐藏着巨大的人口红利，但是同时也拥有着沉重的就业压力，如何平衡人口红利与就业之间的关系已经成为我国在发展过程中亟待解决的问题，实现从中国制造到中国智造、中国创造，充分发挥我国的人力资源优势。

值得关注的是我国人口的老龄化特征也显现出来，据估计到 2050 年我国每四个人中就会有一个老年人，在提倡加强劳动年龄人口的人力资源开发之外，我国开始注重老年人口资源的开发。

在我国的发展过程中，认真研究当前的人力资源开发市场的不足，注重对老年人的人力资源的开发与管理，这对于我国人力资源开发与管理来讲既是机遇也是挑战。我国产业结构的调整势必会对人力资源市场产生新的要求，进而也会带来更多的就业机会，老年人的就业机会也会增多。

还有就是劳动人口变化对老年人就业的需求，市场的变化不仅要求青壮年走上工作岗位，对老年人的需求也开始增多。如今，世界上人口的寿命开始增长，延长退休年龄就是对其的重要体现。与青壮年相比，老年人的知识结构、社会关系、社会经验都比青壮年更加丰富，最重要的是在处理问题上的态度与方法更加成熟。因此，对于老年人力资源这一方面的开发，更有助于提高我国的人力资源管理水平。对老年人的人力资源开发方面主要集中在公益服务、技术咨询、社会服务、代际合作等领域。

为了实现国家的发展，必须对当今的国际竞争格局有着清醒的认识，既要认识到我国人力资源的优势，又要实现从人力资源大国向人力资源强国的战略转变，形成具有中国特色的人力资源的建设体系，提升人力资源开发能力。

全面提升我国人口的健康素质、思想道德素质、科学文化素质，为我国的人力资源开发提供良好的环境，优化我国人力资源市场配置，为社会发展提供源源不断的人才，打造一支高素质、高水平、高质量的人才队伍。

激发人才活力，挖掘人才的潜在能力，优化人力资源结构，实现产业发展与人才发展的有效衔接与协调，积极促进我国产业结构的优化与升级，体现人力资源的优势，以人力资源的优势带动我国的经济、文化的发展，实现我国的人力资源规划。

三、我国人力资源的发展定位

我国的人口基数大已经成为不争的事实，也正是因为如此，我国在人力资源方面占据一定的优势。21世纪以来，我国重视人力资源开发与管理，重视教育，出台了一系列教育政策，提高人口素质，实现教育的大众化，人力资源的教育素质水平得到显著提升。

伴随着社会的进步，世界上很多国家的人力发展水平正在稳步提升。科技的进步、教育的发展、医疗水平的提升等都让人们更加长寿、更健康，我国人力资源的发展也开始正规化、科学化、合理化。

立足于我国的实际情况，确定我国人力资源开发的目标，研发适合我国发展的人力资源的开发策略，又要与国际标准相结合，明确我国的人力资源开发的定位、目标、实施路径。

第二节 我国人力资源优化管理的蓝图勾勒

一、建设人力资源强国的必要性以及迫切性

当今的中国面临着更为严峻的人口发展形势，人口的基数大，资源的人均总量就少。我国的经济、社会、文化也正在面临着一系列的转变，建设人力资源强国已经成为一种必要的趋势。建设人力资源强国的步伐也要适当加快，为我国的崛起做出贡献。

（一）必要性

我国的人口众多，伴随着时间的推移我国的人力资源开发取得了显著的成绩。

1. 实现经济增长方式转变

我国人力资源建设中依然需要克服很多困难，如科技创新能力不强、资源短缺、生态环境恶化、基础薄弱等。因此，深化改革与转变经济发展的任务依然艰巨，实现经济增长方式的转变刻不容缓。

经济健康、可持续发展就是转变经济增长的方式，转变经济发展方式还包括：提升劳动者的素质，提高知识性产业存在的比例，提高劳动者的创新、创业能力。在当今社会，知识创新已经成为经济发展的持续动力。

2. 人力资源开发与管理的重要性

社会组织在改革的过程中，各项功能开始独立，逐渐形成了独立的组织，增加了独立运作的能力，提升了社会组织的威信。在全面深化改革的背景下，政府赋予了社会组织更多的权利，全面提升社会组织自主的发展。

伴随着社会相关政策的落实，社会组织也会承担更多的社会责任，因此社会组织必须有吸引人才的优势，社会组织的人力资源开发与管理也必须发挥出相应的作用。

伴随社会组织公民参与意识的增强，人对社会组织的认识也更为全面。更多的人愿意参与到社会组织中，愿意成为社会组织的志愿者。

在一些大型的招聘会上，几乎就看不到社会组织的身影，更不用说专场的社会组织招聘会。在社会组织中也没有专门的人力资源开发与管理部门，很多已经存在的人力资源开发与管理组织也是参照企业与政府的人力资源开发与管理的方式设置的，因此有必要加强对社会组织人力资源开发与管理的重视，突出人力资源的重要性。

3. 我国人力资源开发与管理的展望

发达国家对于人力资源开发与管理都十分重视，但是由于我国初期对其重视程度不够，社会上没有形成专业的人力资源开发与管理部门，再加上缺乏专业的人才，很多有关人力资源开发与管理的工作就被搁浅了。

我国要顺应社会的变化，在社会的发展中重视人力资源的开发与管理。社会组织要提升对人力资源开发与管理的认识，借助国家出台的相关政策推动人力资源开发与建设工作，成立专门的人力资源管理组织。

人力资源开发与管理体系是一个开放包容的体系，随着社会的发展该体系也会不断完善，因此在发展的过程中也会不断优化，最终形成具有特色的人力资源开发管理体系。

（二）迫切性

1. 适应经济全球化的挑战

国际上的竞争日益激烈，为了适应经济全球化的挑战，必须提升人才的素质与能力。人才才是决定国际竞争成功的关键。与发达国家相比，我们的科技水平与创新能力比较低，是否可以抓住机遇，提升人力资源开发的水平也成为是否可以适应经济全球化的关键。

经济全球化所带来的人才的大范围流动，使得各个国家都在争夺人才，国家不仅要对人才进行教育培养，还要制定人才战略，吸引更多的人才致力于国家的建设与发展，如移民政策、提升薪资待遇等。我国每年都会有一大批留学生，因此更应该把握这一趋势，想方设法挽留住人才，在国际人才竞争中取得先机。

2. 社会组织人力资源开发管理的专业化要求

社会组织最大的优点就是成员构成是相关行业的专业人士，社会组织自身具有很强的专业性，为了适应社会的发展趋势就需要加强专业化的建设。随着社会组织的快速发展，国家对社会组织人力资源的开发与管理也越来越重视。

社会组织已经成为一种职业，逐渐被社会公众接受，社会组织的专业化与职业化也成为一种发展趋势。社会组织的人力资源开发与管理所涉及的内容也越来越多，专业化更是体现在社会组织人力资源开发与管理的每一个环节。

通过借助人力资源开发与管理的技术的不断创新，社会组织的人力资源开发与管理也逐渐具有自身的特色，社会组织的人力资源开发与管理也更加专业化、规范化、科学化。

3. 社会组织人力资源开发与管理的体系化

因为没有建设经验，社会组织的人力资源开发与管理都是借鉴企业、政府的人力资源开发、建设、管理的方法。没有根据自身的实际情况，形成自己的体系，很多制度都是有缺陷的，根本不能形成完整的体系。

不完整的体系既不能发挥出真正的作用，伴随着社会组织人员的不断扩充，社会组织的人力资源开发与管理也会逐渐摆脱借鉴政府、企业的人力资源开发、建设、管理的方法。

根据自身的特点设置出最具有社会组织的特色，从工作岗位设计、人员招聘到培训与考核，都需要突出社会组织的特点。社会组织人力资源开发与管理的体系化建设也有助于社会的发展，可以适应人力资源发展的趋势，激发社会组织的活力，提升社会组织的工作绩效。

社会组织发展的良好态势，在这些社会组织发展中出现的问题与阻碍都会得到解决。社会组织可以根据实际情况及时调整，吸纳最合适的人才进入社会组织，在动态的发展过程中形成具有特色的社会组织人力资源开发与管理体系。

二、人力资源强国建设的具体实施

就整体来讲，我国人力资源发展水平仍然与高水平国家存在一定差距，我国想要实现战略规划与现代的战略目标，就要重视人力资源管理建设，人力资源具有不可替代的作用。我国实施人力资源强国建设战略，就是为了加快对我国人力资源开发与建设的步伐，实现我们国家的发展战略。

未来几年中，我国产业结构调整与升级的步伐加快，产业的结构变动与产业结构的升级同时推进，提高了对人力资源开发与管理的要求。因此，更要重视教育的发展，完善人力资源教育的培养体系。预计在 21 世纪中叶，我国将要跻身人力资源强国。

（一）第一阶段

一直到 2030 年，实现从人力资源中等水平国家向人力资源发展较高水平国家迈进。这一阶段要充分挖掘我国人力资源的优势，我国的劳动人口众多，劳动成本相对低廉，故应加大对低端劳动力群体的职业技能的保护力度，实现人力资源的转换与升级，全面提升我国人力资源质量。

（二）第二阶段

到 21 世纪中期，初步步入人力资源发展高水平国家行列。在这一阶段，继续推进教育与人力资源开发的有关制度的改革与创新，构建良好的人力资源建设环境，更为充分地挖掘人的潜力，提高劳动生产效率，将我国建设为真正的人力资源强国，基本实现国家现代化的战略目标。

第三节　我国人力资源优化管理的战略实施路径

一、人力资本优先发展

以建设人力资源强国为目标，根据我国人力资源建设的实际情况，选择合适的人力资源开发战略与实施路径，培养出更多专业人才、创新人才，打造一支适合社会发展的高素质人才队伍，开创我国人力资源建设的新局面，为我国建设提供强有力的人力资源保障，形成人力资源竞争优势，加速我国进入人力资源强国的步伐。

人力资源作为一项可持续发展的资源，是可以通过培养获得的，因此人力资源也是最具潜力的资源。想要开发人力资源就需要实现人才的积累。人力资源与其他的资源相比较要获得优先发展的权利。

将人才投入放在重要的位置，将人力资源开发投入作为战略性投资，实现资源开发由物到人的转变。积极鼓励各个地区政府的人才培养政策的出台，加大人才的培养、扶持力度。但也不能忽视人才培养与引进的工作。

在鼓励各个地区进行人才规划的过程中也要做好相关人才的投入，也就是说，既要做好软投入也要做好硬投入，确保人力资源开发的顺利进行。政府的带头作用固然重要，但是相关企业与个人也要做好自己的工作，借助政府的政策调动自身对人力资本的积累与运用。

政府可以积极引导多方的社会力量加入到人才事业的建设过程中，政府应该起到模范带头作用，引导社会、企业、个人的人才投入。坚持人力资本有限优先发展的原则，利用好国家出台的各项政策，充分利用好教育在人才培养方面的基础作用，再通过加大科技投入来提升产业的升级，吸引更多高水平、高质量的人才。

我国的发展离不开人才的支持，所以应加大对人才的吸引力度。国家在不同的发展时期对人才的要求也会产生差异，但是对于科技创新型、专业素质过硬的人才的要求在任何时期都不会过时，形成人力资源开发的优势。

二、创新人力资源开发制度

创新人力资源开发制度，构建一种高效、开放、灵活的人力资源开发制度，通过制度激发人的工作热情，挖掘人的潜力，进而构建一种人才自由发展、公平竞争的制度环境，实现人力资源强国的建设目标。

根据当今社会发展的要求，坚持以人为本，实现人与社会、自然的和谐相处，创造一种有利于社会进步的制度环境。从我国的国情出发，立足于整体，调整人力资源开发管理体制机制的建设思路、方法、实施路径。对于制度建设方面的障碍应该及时清除。加快推进人力资源开发管理的进程，用制度规范人力资源管理，确保有关人才各项开发内容的推进。

重视教育的力量，提升全民的身体素质、科学文化素质、思想道德素质，培养人的其他方面的能力，尤其是对创新能力的培养，从整体上提升人类的综合素质，实现人的全面发展。

以现代教育的理念为核心，构建现代国民教育体系与终身教育体系，深化教育改革，从制度上创新人才培养模式，提升人才的综合素质。只有不断推进教育改革，优化教育，才可以进一步巩固人才的教育基础，除此之外还要重视职业教育。我国目前对专业的技术人员的需求依旧很大，不仅仅是素质教育，还要重视职业教育，培养出大批社会急需的人才，提升教育的质量。

完善高层次人才基地建设，培养出更多的应用型、专业型、创新型人才，完善继续教育，丰富当前的教育体系，突进学习型社会的建设，构建完善的从业人员培训体系，打造完善的人才培训、教育体系。

三、改善人才建设环境

改善人才建设环境是一项庞大的系统工程，必须从根本上进行重视，坚持以人为本的工作理念，树立科学的人才发现与发展观，改变传统的思想观念，并不是学历越高，人才的质量就越高，只有合适的人在适合的岗位上才是正确的。

只要是没有违背社会道德与法律，踏踏实实为社会发展做出贡献的人都是人才，完善人力资源开发工作，提倡人人可成才的思想观念，建立公平、公正的人才建设环境，完善相关法律制度，确保人才发展。

为人才竞争创造良好的环境。国家出台的有关人才创新创业的政策，力求以规范的、统一的、公正的政策与法规为人才提供良好的工作环境。加大监督执行力度，力求各项政策与法规的落实。

对劳动人事争议处理工作更要加强重视，维护员工的合法权益，进而实现维护双方的合法权益。通过一些实质性的改革，大力改革人力资源开发与管理中的弊端与不足。

大力拓展人力资源流动的渠道，为不同层次的劳动力提供不同的发展空间，对人才的选拔一定要有合适的标准，让每一个人都有出彩的机会，让每一位为国家与社会的发展做出贡献的人都得到社会的应有的尊重。

加大力度改善人才发展环境，留住合适的人才。加大科研投入的力度，完善相关管理体制，营造良好的学术氛围，切实解决不同类型的人才的工作问题，尤其是对留学归国人才的管理。政府更要发挥出应有的作用，提供高质量的服务，吸引更多的人才。

四、实施海外人才引进战略

实施海外人才引进战略，吸引高层次的海外人才来中国创业，鼓励海外留学的学生回国工作，为我国的发展服务。不仅是留学生，对于一些外籍的人才也是如此，吸引海外人才，为我国的人力资源管理工作服务。

不断开拓吸引海外人才的渠道，不仅仅是国家、政府所提供的渠道，还要广泛拓展社会上的其他渠道，充分发挥社会群众与组织的力量，积极引进海外人才。

人才成长的背后是教育、科研等资源的投入。人才的需求也是我国教育、科研等资源的需求，如果不能加大对教育、科研等的投入势必会影响社会的创新与发展。世界上各个国家都在积极引进人才，我国更应该如此。我国的留学生数量一直都比较庞大，我们更应该利用好这一优势，争取更多的留学生回国发展。

五、加强人力资源信息化管理

加强人力资源信息开发、管理、配置，打造人力资源信息检测预报系统，用于收集各种人才的信息，构建中国特色的人力资源信息数据库，健全人力资源的调查、统计、发布制度。

根据特定的标准收集管理相关人才需求信息，定期向社会的各行业、各领域、各阶层的人力资源建设进行信息报告。构建一套具有公信力的人力资源信息检测预报系统，整合信息，满足社会中各种人才的信息需求，为社会提供更加全面的人力资源信息。

构建信息数字化平台，借助特定的网络媒体，定期向社会公开。对不同类型的人才信息进行分类、统计，加快企业人才信息的统计与优化，加快贸易、教育、医疗等社会重点事业的信息的综合服务功能。

社会的发展离不开对大数据的应用，知识与信息同样重要，大数据就是人们获得新的知识的重要途径，大数据已经成为解决当今社会很多问题的重要工具，同样大数据对我们也提出一定的要求，我们也要做好充足的准备。

六、塑造良好的企业文化

企业文化是企业在发展的过程中形成的具有企业特色的价值观念、行为准则、管理制度、企业形象等，每一个企业的文化都具有自己的特点，是企业内化的工作风格、经营理念、思想指导。企业文化的形成并非一朝一夕，需要企业在发展过程中进行培育与调整。塑造良好的企业文化需要把握以下几方面的内容。

（一）完善薪资待遇机制

企业与员工之间的合作关系很大程度上是依靠利益为出发点的，可以说，企业的薪酬待遇是企业开展一系列工作的基础。企业的薪资待遇直接关系到员工的工作热情与执行能力。企业文化的形成离不开利益，虽然有一部分人认为企业文化主要是为提升员工的思想觉悟，提高公司的凝聚力，这些看法并不是一点道理都没有，但是问题的关键是企业要以怎样的方式落实，如果只是依靠口头教育或者培训很显然是不可能的。

企业并不是为了宣传企业文化而存在的，企业的存在就是为了盈利。很显然，在企业的运行中抛开利益是不科学的，如果不能完善员工的薪资待遇，再好的企业文化也不可能留住人才。完善薪资待遇是稳定企业员工的最有力的措施，这样才可以保障员工在工作的过程中发挥出主观能动性。

（二）营造良好的企业文化建设氛围

企业文化是企业在发展的过程中形成具有自己特色的文化，企业文化的形成是在企业所有员工的努力下造就的。员工不仅促进企业的发展，还在无形中造就了企业的文化，创造良好的企业文化氛围就需要坚持以人为本，做到尊重、理解、关心、爱护企业的员工。只有在良好的企业文化氛围中，员工才会产生认真工作的动力，否则员工的工作热情与工作效率是不会得到提升的。

（三）制度建设是保障

企业文化建设也是企业在发展中的一种模式管理。需要制度的保障，在此基础上形成企业精神，完善企业形象。企业制度建设作为企业管理的一项基础性工作，为企业文化的发展提供支撑。

企业制度建设是企业文化建设的重要表现，制度建设、企业精神、员工文化活动都是企业文化建设的重要表现，通过相互作用、相互促进，共同致力于企业文化建设。制度建设可以有效地将员工文化活动与企业精神衔接起来，使企业的所有员工都践行企业的制度。

企业文化可以提高员工的凝聚力，员工万众一心，共同致力于企业的目标的实现。企业员工的凝聚力关系到企业的运行与发展，没有凝聚力的企业在遇到困难的时候，员工只会选择离开，并不会与企业共同承担，企业文化的凝聚力就是企业目标的正确的选择。

七、提高企业管理者自身的素质

企业领导者作为企业的核心人物，其素质也关系到企业的形象与发展。当今的社会竞争并没有因为社会的发展就消失与减退，企业的管理者承担企业发展的重要责任，企业的管理者的素质关系到企业的发展，对于企业管理者的要求只会越来越高。

企业的管理者应该具备的素质有很多，主要有强烈的团队精神与群体意识、创新精神与创新意识等，为提升企业管理者的素质提供相关借鉴。

（一）强烈的团队精神与群体意识

管理者要管理的是一个团队，如果没有良好的团队精神就不能管理好一个团队，也不会实现团队的目标。团队精神的培养是对管理者的基本要求，学会合作对于管理者来讲是一个基本的要求。

很多时候管理失败就是因为管理者没有处理好下级员工的人际关系。团队精神要求管理者不能树立唯我独尊的意识，员工虽然是自己的下属，但是并不是自己的附属物，自己的命令员工有拒绝的权利，如果只是压迫员工，员工是不会尊重管理者的，这样的工作效率也不会提升，因此管理者必须尊重自己的下级，学会合作，这样的团队才会有竞争力。

（二）具有创新意识和创新精神

社会在进步，时代在发展，企业所面临的外部环境越来越复杂，众多的信息，不断更新的科学技术，企业领导者必须有创新精神，这样才可以根据社会的发展形势调整自己的规划。市场供求关系不断变化，竞争更是越来越激烈，不符合市场发展要求的自然会被淘汰。

社会形势并不是几个企业努力就可以解决的，企业的领导者要深谙企业发展的规律，充分发挥创新能力，才可以在关键时刻做出正确的决定。企业的领导者必须有创新意识与创新精神。

那么，企业管理者如何针对上述素质进行提高呢？提高管理者自身素质的方法有很多，目前看来最简单有效的办法就是进行培训，培训包括工作培训、外部培训和内部培训，具体内容如下。

1. 工作培训

企业为了在日后的发展中不被淘汰，必须提升管理者的能力与素质，企业要有目的有计划地对管理者进行培训，企业的被领导者必须了解企业的运行规律，拓宽自己的视野，不断提高自己的能力与思维，提高自己处理突发事务的能力，提升自己的实践管理能力。

2. 外部培训

如果企业内部没有合适的人才可以开展培训工作，则可以与社会上专业的培训机构取得联系，将管理者送入专门的培训机构进行系统的培训，提升管理者的专业能力，尤其是提升管理者的理论修养。

3. 内部培训

企业内部可以选择有经验、有能力的高层人员进行专门的短期培训，企业管理者必须参加，内部培训主要是短期的，有很强的针对性，可以在短时间内提升管理者的特定的能力。

企业培训只是一种途径，并不是万能的。很多素质与能力也并不是在进入企业之后就可以形成的，更多的时候要依靠自己，尤其是企业的管理者，自己要重视自己素养的提升，树立终身学习的观念，不断优化自己。

参考文献

［1］ 李华林，林秋雨，冯卓立. 人力资源管理与经济发展 ［M］. 哈尔滨：哈尔滨出版社，2023.

［2］ 史丽杰，薛文河，张运法. 人力资源管理建设发展与创新研究 ［M］. 北京：现代出版社，2023.

［3］ 黄智敏，陈晓婧. 人力资源管理理论与实务发展研究 ［M］. 长春：吉林出版集团股份有限公司，2023.

［4］ 徐小茹. 现代人力资源管理及信息化发展研究 ［M］. 长春：吉林出版集团股份有限公司，2023.

［5］ 范围，白永亮. 人力资源服务业管理理论与实务 ［M］. 2 版. 北京：首都经济贸易大学出版社，2023.

［6］ 王丹鹤. 酒店管理概论 ［M］. 北京：机械工业出版社，2023.

［7］ 周丽. 数据科技人力资源管理 ［M］. 武汉：武汉大学出版社，2023.

［8］ 温礼杰. 人力资源管理资深 HR 教你从入门到精通 ［M］. 北京：中华工商联合出版社，2023.

［9］ 袁勇志，凌斌. 人力资源管理 ［M］. 苏州：苏州大学出版社，2023.

［10］ 徐笑君. 人力资源管理 ［M］. 上海：复旦大学出版社，2023.

［11］ 张玲，孙欣. 人力资源管理 ［M］. 北京：清华大学出版社，2023.

［12］ 林绍珍. 人力资源管理 ［M］. 北京：经济管理出版社，2023.

［13］ 傅小龙，李集城，彭佳慧. 人力资源管理 ［M］. 北京：清华大学出版社，2023.

［14］ 奚昕. 人力资源管理 ［M］. 合肥：安徽大学出版社，2023.

［15］ 李贵卿. 人力资源管理概论 ［M］. 北京：科学出版社，2023.

［16］ 韩平. 创业企业人力资源管理 ［M］. 西安：西安交通大学出版社，2023.

［17］ 刘书生，陈莹，王美佳，刘婷. 人力资源管理数据分析 ［M］. 北京：中国

商业出版社，2023.

［18］郗亚坤，郭远红. 人力资源管理基础［M］. 沈阳：东北财经大学出版社，2023.

［19］姚红，解松强，卢丽霞. 人力资源管理实务［M］. 延吉：延边大学出版社，2023.

［20］梅蒙，赵慧敏，范玥. 人力资源管理实务［M］. 上海：上海交通大学出版社，2023.

［21］赵滨，李琳，李新龙. 经济管理与人力资源管理研究［M］. 北京：中国商务出版社，2023.

［22］余兴安. 人力资源蓝皮书：中国人力资源发展报告（2022）［M］. 北京：社会科学文献出版社，2022.

［23］莫荣侯，增艳，冯馨莹. 人力资源蓝皮书：中国人力资源服务产业园发展报告（2022）［M］. 北京：社会科学文献出版社，2022.

［24］李平芬. 现代人力资源管理的发展流变与风险管理研究［M］. 长春：吉林出版集团股份有限公司，2022.

［25］郑光豹. 乡村振兴背景下的农村发展与人力资源开发研究［M］. 长春：吉林人民出版社，2022.

［26］刘大伟，王海平. 高质量发展视域下企业人力资源管理伦理研究［M］. 武汉：华中科技大学出版社，2022.

［27］范围，白永亮. 人力资源服务业管理理论与实务［M］. 北京：首都经济贸易大学出版社，2022.

［28］张燕娣. 人力资源培训与开发［M］. 上海：复旦大学出版社，2022.

［29］张岚. 企业高绩效人力资源管理研究［M］. 长春：吉林文史出版社，2022.

［30］水藏玺. 人力资源管理体系设计全程辅导［M］. 3版. 北京：中国经济出版社，2022.

［31］赵晓红，臧钧菁，刘志韧. 行政管理与人力资源发展研究［M］. 长春：吉林人民出版社，2021.

［32］李蕾，全超，江朝虎. 企业管理与人力资源建设发展［M］. 长春：吉林人民出版社，2021.

［33］马燕. 人力资源管理与区域经济发展分析［M］. 长春：吉林人民出版社，2021.

［34］侯增艳. 人力资源服务产业园建设与可持续发展［M］. 北京：研究出版社，2021.